Karl Marx | Das Kapital 1.2

Die sogenannte ursprüngliche Akkumulation

Karl Marx
Das Kapital 1.2
Die sogenannte ursprüngliche Akkumulation

Vierundzwanzigstes Kapitel des ersten Bandes des »Kapitals«

Karl Dietz Verlag Berlin

Gefördert durch die Rosa-Luxemburg-Stiftung Berlin

Editorische Bearbeitung und Kommentierung:
Rolf Hecker unter Mitwirkung von Manfred Müller
Korrektur: Almut Rieck
Weitere Hinweise zur Edition S. 18

ISBN 978-3-320-02209-9

Einband: Heike Schmelter, MediaService
Typographie/Satz: Anna-Maria Roch
Druck- und Bindearbeit: MediaService GmbH Bärendruck und Werbung
Printed in Germany

Inhalt

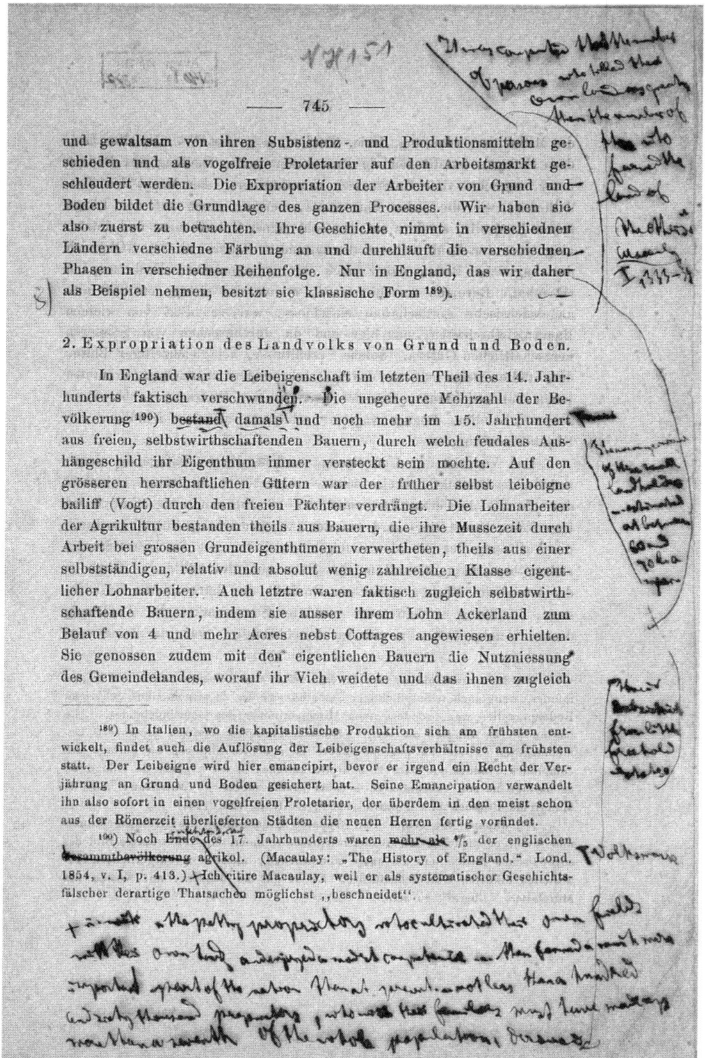

— 745 —

und gewaltsam von ihren Subsistenz- und Produktionsmitteln geschieden und als vogelfreie Proletarier auf den Arbeitsmarkt geschleudert werden. Die Expropriation der Arbeiter von Grund und Boden bildet die Grundlage des ganzen Processes. Wir haben sie also zuerst zu betrachten. Ihre Geschichte nimmt in verschiednen Ländern verschiedne Färbung an und durchläuft die verschiednen Phasen in verschiedner Reihenfolge. Nur in England, das wir daher als Beispiel nehmen, besitzt sie klassische Form [189]).

2. Expropriation des Landvolks von Grund und Boden.

In England war die Leibeigenschaft im letzten Theil des 14. Jahrhunderts faktisch verschwunden. Die ungeheure Mehrzahl der Bevölkerung [190]) bestand damals und noch mehr im 15. Jahrhundert aus freien, selbstwirthschaftenden Bauern, durch welch feudales Aushängeschild ihr Eigenthum immer versteckt sein mochte. Auf den grösseren herrschaftlichen Gütern war der früher selbst leibeigne bailiff (Vogt) durch den freien Pächter verdrängt. Die Lohnarbeiter der Agrikultur bestanden theils aus Bauern, die ihre Mussezeit durch Arbeit bei grossen Grundeigenthümern verwertheten, theils aus einer selbstständigen, relativ und absolut wenig zahlreichen Klasse eigentlicher Lohnarbeiter. Auch letztre waren faktisch zugleich selbstwirthschaftende Bauern, indem sie ausser ihrem Lohn Ackerland zum Belauf von 4 und mehr Acres nebst Cottages angewiesen erhielten. Sie genossen zudem mit den eigentlichen Bauern die Nutzniessung des Gemeindelandes, worauf ihr Vieh weidete und das ihnen zugleich

189) In Italien, wo die kapitalistische Produktion sich am frühsten entwickelt, findet auch die Auflösung der Leibeigenschaftsverhältnisse am frühsten statt. Der Leibeigne wird hier emancipirt, bevor er irgend ein Recht der Verjährung an Grund und Boden gesichert hat. Seine Emancipation verwandelt ihn also sofort in einen vogelfreien Proletarier, der überdem in den meist schon aus der Römerzeit überlieferten Städten die neuen Herren fertig vorfindet.

190) Noch Ende des 17. Jahrhunderts waren mehr als $^4/_5$ der englischen Gesammtbevölkerung agrikol. (Macaulay: „The History of England." Lond. 1854, v. I, p. 413.) Ich citire Macaulay, weil er als systematischer Geschichtsfälscher derartige Thatsachen möglichst „beschneidet".

Seite 745 aus der 2. deutschen Auflage des ersten Bandes des »Kapitals«, Korrekturexemplar von Marx

Vorwort*

Lehrer: Bedenk, o Kind! woher sind diese Gaben?
Du kannst nichts von dir selber haben.
Kind: Ei! alles hab ich vom Papa.
Lehrer: Und der, woher hat's der?
Kind: Vom Großpapa.
Lehrer: Nicht doch! Woher hat's denn der Großpapa bekommen?
Kind: Der hat's genommen.

Johann Wolfgang von Goethe

Marx deckt zu Beginn des hier vorgelegten Textes das »Geheimnis« der ursprünglichen Akkumulation auf. Dabei setzt er sich mit einem der mächtigsten Politiker seiner Zeit auseinander, mit keinem geringeren als Louis-Adolphe Thiers. Der hatte bereits 1848 die politische Linke bekämpft und wird 1871 die Pariser Kommune niederschlagen und sich 1872 zum Präsidenten der Französischen Republik wählen lassen. Schon in seiner Streitschrift »Der achtzehnte Brumaire des Louis Bonaparte« (1851) hatte Marx Thiers' Ränkespiele beschrieben, der sich im »Kopf republikanisch« zur parlamentarischen Republik als einzig möglicher Herrschaftsform der Bourgeoisie bekenne, jedoch – im »Herz königlich« – hinter dem Rücken des Parlaments Restaurationspläne der Monarchie verfolge (MEW 8, S. 172). Marx wirft ihm »Kinderei«[2] vor, weil er mit »staatsfeierlichem Ernst« die »proprieté«[1], das Eigentum, als naturgegeben verteidige. So wie im theologischen Sündenfall habe es nach Thiers in einer längst verflossenen Zeit eine »fleißige, intelligente und vor allem sparsame Elite« auf der einen und »faulenzende, ihr alles und mehr verjubelnde Lumpen« (S. 21) auf der anderen Seite gegeben. Diesen historisch-ökonomischen Sündenfall gab es jedoch nicht – die Methoden der ursprünglichen Akkumulation waren alles andere als zivi-

* Die hochstehenden Ziffern in eckigen Klammern verweisen auf die Anmerkungen zum Text des 24. Kapitels, S. 85–106.

lisiert, sie waren von Eroberung, Unterjochung, Raubmord, kurz von Gewalt geprägt.

Marx erzählt die Geschichte des Kapitalismus, dessen Anfänge auf das 14. und 15. Jahrhundert zurückgehen und dessen eigentliche Ära im 16. Jahrhundert begann, schonungslos. Der Kapitalismus erwuchs in der Blütezeit des Feudalismus. Die ursprüngliche Akkumulation des Kapitals – also eine Akkumulation, die der kapitalistischen vorausging, in der aus Mehrwert immer mehr Kapital entsteht – war an zwei Voraussetzungen gebunden: Zum einen mußten ausreichend Eigentümer von Geld, Produktions- und Lebensmitteln vorhanden sein, zum anderen freie Arbeiter. Beide sind Warenbesitzer, der eine verwertet eine Wertsumme durch den Ankauf von Arbeitskraft, über die der andere verfügt. Der Verkäufer der Arbeitskraft muß dabei doppelt frei sein: frei von Leibeigenschaft oder Sklaverei, aber auch frei vom Besitz an Produktionsmitteln.

Marx zeigt am Beispiel Englands, wo die Entwicklung des Kapitalismus ihre »klassische Form«[3] (S. 24) annahm, wie der Prozeß der massenhaften Freisetzung von Arbeitskräften aus den feudalen Verhältnissen und verarmter Landwirtschaft vor sich ging. Zur Illustration führt er viele Beispiele für die Expropriation des Landvolks von Grund und Boden an. In der damals größten Tageszeitung, der »New-York Daily Tribune«[28], hatte er in einem Leitartikel schon Jahre zuvor beschrieben, wie die Gräfin von Sutherland, Mitglied einer Großgrundbesitzerfamilie, im nördlichen Schottland zu Beginn des 19. Jahrhunderts systematisch die Bevölkerung von ihrem angestammten Land verjagte und ausrottete (MEW 8, S. 503). Dieses sogenannte Highland Clearances – das Räumen des Hochlandes, von Marx als »Lichtungen« (S. 40) bezeichnet, in dessen Folge die Dörfer zerstört und die Felder in Weide verwandelt wurden – war für Marx »rücksichtsloser Terrorismus« (S. 44). Den Fall der Gräfin von Sutherland nahm er als Beispiel für den »letzten großen Expropriationsprozeß der Ackerbauer(n)« (S. 39) in das 24. Kapitel auf. Die Folgen dieser Landvertreibung sind bis heute zu sehen: Das Gebiet Sutherland hat europaweit die geringste Bevölkerungsdichte; hier existiert keine Stadt.

Die rasche »Freisetzung« der von ihrem Grund und Boden verjagten Bauernschaft, das Entstehen dieses »vogelfreie(n) Proletariat(s)« (S. 24), konnte von den sich schnell entwickelnden Manufakturen nicht aufgefangen werden. So entstand eine über das Land ziehende Schar »Herausgeschleuderter«. Marx schildert, wie seit Ende des 15. Jahrhunderts eine »Blutgesetzgebung« gegen Bettler, Räuber und Vagabunden vorging: »So wurde das von Grund und Boden gewaltsam expropriierte, verjagte und zum Vagabunden gemachte Landvolk durch grotesk-terroristische Gesetze in eine dem System der Lohnarbeit notwendige Disziplin hineingepeitscht, -gebrandmarkt, -gefoltert.« (S. 49.)

Nach der gewaltsamen »Schöpfung« des vogelfreien Proletariers, der in die städtische Industrie gezwungen wurde, begann seine Unterjochung im Lohnsystem. Die »Knechtschaft« (S. 24) des Arbeiters war der Ausgangspunkt für die Erzeugung sowohl des Lohnarbeiters als auch des Kapitalisten. Mit dieser Entwicklung einher ging der Kampf um eine gerechte Entlohnung. Bis zum 17. Jahrhundert galten gesetzliche Obergrenzen eines Lohns, die bei Gefängnisstrafe nicht überschritten werden durften. Ende des 18. Jahrhunderts hatten sich jedoch die Verhältnisse umgewälzt und die Löhne so sehr verringert, daß 1796 der Politiker Samuel Whitbread sich veranlaßt sah, im britischen Unterhaus die Festlegung eines gesetzlichen Lohnminimums für Ackerbautagelöhner vorzuschlagen. Es dauerte weitere 80 Jahre, bis die Gesetze der staatlichen Lohnregulierung verschwanden und die Anerkennung der Trades' Unions[52] – der Gewerkschaften – als Vertreterin der Arbeiter erfolgte. Nur mühsam, unter dem Druck der Massen, verzichtete das britische Parlament auf Gesetze gegen die Gewerkschaften und gegen Streiks (S. 54).

Marx zog im »Kapital« für die Untermauerung seiner Schlußfolgerungen häufig die offiziellen Statistiken und Berichte der britischen Regierung heran. So verwundert es nicht, daß er auch die Auftritte des langjährigen Schatzkanzlers (bis 1866) und späteren Premierministers Großbritanniens (ab 1868) William Ewart Gladstone mehrfach anführt, nicht erst im 24. Kapitel, sondern schon im 23. Kapitel, in dem er das allgemeine Gesetz der kapitalistischen Akkumulation behandelt (MEW 23,

CHAPITRE XXVII

L'EXPROPRIATION DE LA POPULATION CAMPAGNARDE

En Angleterre le servage avait disparu de fait vers la fin du quatorzième siècle. L'immense majorité de la population[1] se composait alors, et plus entièrement encore au quinzième siècle, de paysans libres cultivant leurs propres terres, quels que fussent les titres féodaux dont on affubla leur droit de possession. Dans les grands domaines seigneuriaux l'ancien bailli (*bailiff*), serf lui-même, avait fait place au fermier indépendant. Les salariés ruraux étaient en partie des paysans — qui, pendant le temps de loisir laissé par la culture de leurs champs, se louaient au service des grands propriétaires, — en partie une classe particulière et peu nombreuse de journaliers. Ceux-ci mêmes étaient aussi dans une certaine mesure cultivateurs de leur chef, car en sus du salaire on leur faisait concession de champs d'au moins quatre acres, avec des cottages; de plus, ils participaient, concurremment avec les paysans proprement dits, à l'usufruit des biens communaux, où ils faisaient paître leur bétail, et se pourvoyaient de bois, de tourbe, etc., pour le chauffage.

Nous remarquerons en passant que le serf même était non-seulement possesseur, tributaire, il est vrai, des parcelles attenant à sa maison, mais aussi copossesseur des biens communaux. Par exemple, quand Mirabeau publia son livre: *de la Monarchie prussienne*, le servage existait encore dans la plupart des provinces prussiennes, entre autres en Silésie. Néanmoins les serfs y possédaient des biens communaux. On n'a pu encore, «dit-il, engager les Silésiens au partage des communes, tandis que dans la nouvelle Marche il n'y a guère de village où ce partage ne soit exécuté avec le plus grand succès.[1] »

Le trait le plus caractéristique de la production féodale dans tous les pays de l'Europe occidentale, c'est le partage du sol entre le plus grand nombre possible d'hommes-liges. Il en était du seigneur féodal comme de tout autre souverain; sa puissance dépendait moins de la rondeur de sa bourse que du nombre de ses sujets, c'est-à-dire du nombre des paysans établis sur ses domaines. Le Japon, avec son organisation purement féodale de la propriété foncière et sa petite culture, offre donc, à beaucoup d'égards, une image plus fidèle du moyen âge européen que nos livres d'histoire imbus de préjugés bourgeois. Il est par trop commode d'être «libéral» aux dépens du moyen âge.

Bien que la conquête normande eût constitué toute l'Angleterre en baronnies gigantesques — dont une seule comprit souvent plus de neuf-cent seigneuries anglo-saxonnes — le sol était néanmoins parsemé de petites propriétés rurales interrompues çà et là par de grands domaines seigneuriaux. Dès que le servage eut donc disparu et qu'au quinzième siècle la prospérité des villes prit un grand essor, le peuple anglais atteignit l'état d'aisance si éloquemment dépeint par le chancelier Fortescue, dans ses *Laudes legum Angliæ*. Mais cette richesse du peuple excluait la richesse capitaliste.

La révolution qui allait jeter les premiers fondements du régime capitaliste, eut son prélude dans le dernier tiers du quinzième siècle et au commencement du seizième. Alors le licenciement des nombreuses suites seigneuriales — dont Sir James

1. Jusque vers la fin du dix-septième siècle, plus des 80 % du peuple anglais étaient encore agricoles. V. Macaulay : *The History of England*. Lond., 1858, vol. I, p. 413. Je cite ici Macaulay parce qu'en sa qualité de falsificateur systématique il taille et rogne à sa fantaisie les faits de ce genre.

1. Mirabeau : *De la Monarchie prussienne*. Londres, 1778, t. II, p. 125-126.

Seite 316 aus der französischen Ausgabe »Le Capital«, Korrekturexemplar von Marx, gewidmet seiner Frau Jenny

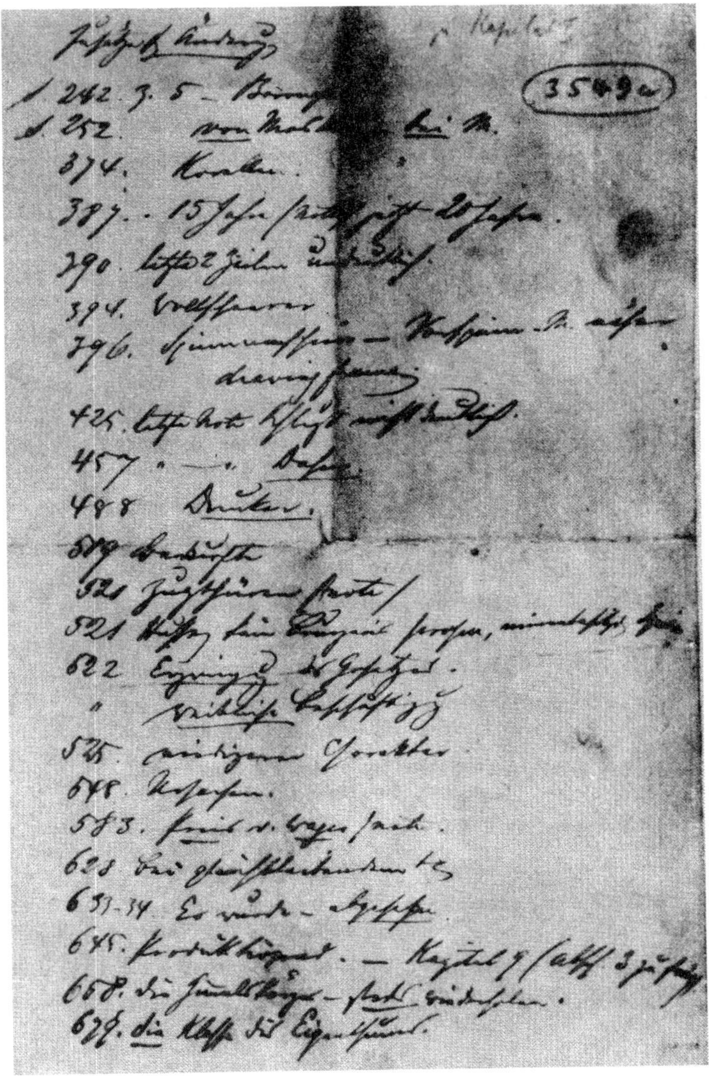

Zusätze und Änderungen für den ersten Band des »Kapitals«
von Friedrich Engels

S. 680–682). Ein von Marx aus einer Rede Gladstones im Unterhaus vom 16. April 1863 zitierter Satz sollte besondere Aufmerksamkeit erregen: »Diese berauschende Vermehrung von Reichtum und Macht … ist ganz und gar auf die besitzenden Klassen beschränkt.« (Ebd., S. 681.) Gladstone bezog sich in dieser freimütigen Aussage auf die Entwicklung des besteuerbaren Einkommens von 1842 bis 1861. Dieser Satz fiel Lujo Brentano, dem anonym bleibenden Rezensenten des »Kapitals« im Organ des deutschen Fabrikantenbundes, der Berliner »Concordia« (7. März 1872), auf, der meinte, Marx habe diesen Satz »formell und materiell hinzugelogen«. Marx bekräftigte daraufhin im »Volksstaat« unter Hinweis auf die Wiedergabe der Rede Gladstones in der »Times« und im »Hansard« (MEW 18, S. 89–92 und 108–115) die Richtigkeit des Satzes. Mit Brentanos Vorwurf sollte das Gerücht verbreitet werden, Marx habe – wie Engels schrieb – ein »unsagbares literarisches Verbrechen« (MEW, 23, S. 44) begangen. Um Marx' Lauterkeit nachzuweisen, rollte Engels in seinem Vorwort zur 4. Auflage des »Kapitals« diese Kontroverse nochmals auf (ebd., S. 42–46).

Ein weiteres wichtiges Moment der ursprünglichen Akkumulation war die Expansion Europas über seine Grenzen hinaus: die Entdeckung der Gold- und Silberländer in Amerika[66], die beginnende Eroberung Ostindiens und Afrikas. Marx bezeichnet das Vorgehen gegen die eingeborene Bevölkerung als einen »idyllischen« Prozeß der »Ausrottung«, »Versklavung« und »Ausplünderung« (S. 65). Er zeigt, wie sich die holländische und britische Kolonialwirtschaft entfaltete, deren Hauptagenten die englische Ostindische Kompanie (East-India Company[71], gegründet 1600, aufgelöst 1858) und die holländische Vereinigte Ostindische Kompanie (Vereenigde Oostindische Compagnie, gegründet 1602, aufgelöst 1798) waren. Diese großen Aktiengesellschaften agierten – im Staatsauftrag – zunehmend als eigenständige Militär- und Kolonialmächte; der Staat übernahm letztlich auch die von ihnen verwalteten Territorien und aufgehäuften Vermögen bzw. Schulden.

Zur ursprünglichen Akkumulation gehörte weiterhin die »Verselbständigung des Goldes als Geld« (MEW 13, S. 104). Marx verweist bei der

Darstellung der »Schatzbildung« im 3. Kapitel des »Kapitals« darauf, daß in den Anfängen der Warenzirkulation sich die »Leidenschaft« des Warenverkäufers entwickelte, die »verwandelte Gestalt der Ware« – die »Goldpuppe« – festzuhalten (MEW 23, S. 144). Das hätte aber eine reibungslose Warenzirkulation verhindert. Mit deren Ausdehnung wuchs gleichzeitig »die Macht des Geldes« (ebd., S. 145). Das durch Wucher und Handel gebildete Geldkapital, zu dem auch das Kolonialsystem beitrug, entfaltete sich in der Manufakturperiode in ganz Europa.

Mit der »Plusmacherei« (S. 69) entwickelte sich das System des öffentlichen Kredits, d. h. der Staatsschulden. Diese »Veräußerung des Staats ... drückt(e) der kapitalistischen Ära ihren Stempel auf« und war zugleich einer der »energischsten Hebel« (S. 70) der ursprünglichen Akkumulation. Mit Hilfe von »Stockjobbern« und »Börsenwölfen« (S. 71), die die Staatsanleihen an die Steuerpächter, Kaufleute und Privatfabrikanten brachten, entwickelte sich ein internationales Kreditsystem, das den Kapitalreichtum von einem Land in ein anderes verschieben konnte: »Manch Kapital, das heute in den Vereinigten Staaten ohne Geburtsschein auftritt, ist erst gestern in England kapitalisiertes Kinderblut.« (S. 72.)

Marx belegt den Vergleich der »blut- und schmutztriefenden« Geburt (S. 77) von Geld und Kapital mit einer bis heute viel zitierten Bemerkung des britischen Gewerkschaftsführers Thomas Joseph Dunning: »Mit entsprechendem Profit wird Kapital kühn. Zehn Prozent sicher, und man kann es überall anwenden; 20 Prozent, es wird lebhaft; 50 Prozent, positiv waghalsig; für 100 Prozent stampft es alle menschlichen Gesetze unter seinen Fuß; 300 Prozent, und es existiert kein Verbrechen, das es nicht riskiert, selbst auf Gefahr des Galgens.« (Ebd.) Diese Passage, die er in die Fußnote seiner Übersetzung aus dem Englischen aufnahm, hatte sich Marx bereits 1863 in einem Notizheft notiert.

Marx schließt das Kapitel mit einem Ausblick auf die geschichtliche Tendenz der kapitalistischen Akkumulation. Die kapitalistische Produktionsweise zeuge ein widersprüchliches System, das eine Entwicklung ohne Maß und Ziel, über alle Schranken und Grenzen hinweg hervorbringe. Nach der gleichen Logik erzeuge der moderne Kapitalismus die

»materiellen Mittel« seiner eigenen »Vernichtung« (S. 79), die seine volle und ungehemmte Entfaltung erlaubten und zugleich seine eigenen Voraussetzungen untergrüben, sowohl die materiellen als auch die moralischen. Marx äußert die Gewißheit, daß die Zentralisation der Produktionsmittel und die Vergesellschaftung der Arbeit einen Punkt erreichten, wo ihre »kapitalistische Hülle« gesprengt werde: »Die Stunde des kapitalistischen Privateigentums schlägt. Die Expropriateurs werden expropriiert.« (S. 80.)

Als Karl Marx 1863 einen Plan für sein Werk »Das Kapital« skizzierte, sah dieser für den ersten Abschnitt (für das erste Buch) neun Punkte vor, wobei der Anfang, also Ware und Geld, in einer Einleitung resümiert werden sollte (als Fortsetzung von »Zur Kritik der politischen Ökonomie«, Berlin 1859). Es folgten: 2. Verwandlung von Geld in Kapital; 3. der absolute Mehrwert; 4. der relative Mehrwert; 5. die Kombination von absolutem und relativem Mehrwert; 6. die Rückverwandlung von Mehrwert in Kapital mit der ursprünglichen Akkumulation und Kolonialtheorie; 7. Resultat des Produktionsprozesses; 8. Theorien über den Mehrwert und 9. Theorien über produktive und unproduktive Arbeit (siehe MEW 26.1, S. 389–391).

In den folgenden zwei, drei Jahren war Marx mit der Ausarbeitung von Entwürfen für das zweite und dritte Buch beschäftigt, ehe er sich 1866 der Reinschrift bzw. der Abschrift für den Druck des ersten Buches zuwandte. Dieses Druckmanuskript umfaßte etwa 500 Seiten. Marx gliederte den Text in Kapitel, wobei die Einleitung (Ware und Geld) zunächst nicht als Kapitel zählte. Es blieben folgende Kapitel, wobei die Titel nach der Erstauflage (siehe MEGA^2 II/5) wiedergegeben werden: 1. Die Verwandlung von Geld in Kapital; 2. Die Produktion des absoluten Mehrwerts; 3. Die Produktion des relativen Mehrwerts; 4. Weitere Untersuchungen über die Produktion des absoluten und relativen Mehrwerts und 5. Der Akkumulationsprozeß des Kapitals. Daran schloß sich das »Sechste Kapitel: Resultate des unmittelbaren Produktionsprozesses« an, das dann jedoch nicht aufgenommen wurde. Nachdem die Darle-

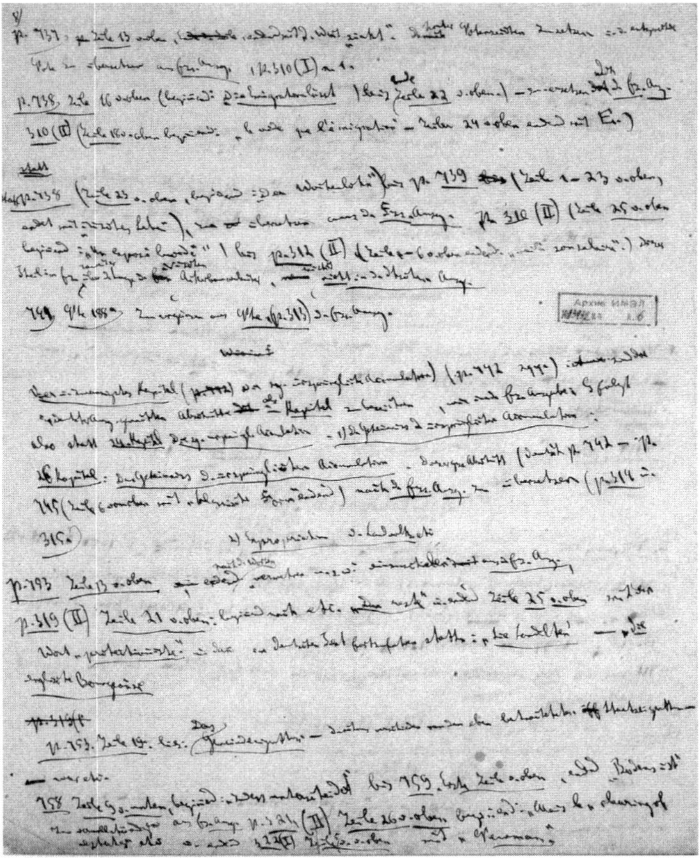

Seite 8 des Verzeichnisses der Veränderungen für den ersten Band des »Kapitals«

gungen über Ware und Geld zu einem Kapiteln wurden, verschob er die Analyse des Akkumulationsprozesses in das sechste Kapitel.

Als 1872 eine 2. Auflage des ersten Bandes notwendig wurde, nahm Marx eine detailliertere Gliederung des Werkes in sieben Abschnitte – die Behandlung des »Arbeitslohns« wurde zu einem Abschnitt, daher sieben – und 25 Kapitel vor. Kurz darauf erarbeitete er zusammen mit dem Übersetzer Joseph Roy die französische Ausgabe »Le Capital«, in der wiederum Umarbeitungen, vor allem im Abschnitt »Der Akkumulationsprozeß des Kapitals« erfolgten, wobei die »ursprüngliche Akkumulation« ein selbständiger Abschnitt wurde und die Kapitel XXVI–XXXII beinhaltet (MEGA^2 II/7, S. 631–679). Diese Veränderungen sollten nach Marx' Vorstellungen bei einer englischen Übersetzung berücksichtigt werden. Als 1877 Friedrich Adolf Sorge in den USA eine Ausgabe vorbereiten wollte, fertigte Marx ein Verzeichnis an, in dem er die aus der französischen Ausgabe zu übernehmenden Textpassagen genau auflistete (siehe MEGA^2 II/8, S. 25–36). Diese Stellen markierte er ebenso in seinen Exemplaren der 2. deutschen und der französischen Ausgabe (siehe Abbildungen).

Das 24. Kapitel nimmt in der Struktur des »Kapitals« eine gewisse Sonderstellung ein. Hatte Marx doch ursprünglich geplant, mit dem »6. Kapitel. Resultate des unmittelbaren Produktionsprozesses« die Darstellung des ersten Bandes abzuschließen und zu zeigen, mit welchen Wertbestandteilen die Ware als Resultat des Produktionsprozesses erscheint und wie diese in den Reproduktionsprozeß eingeht, der dann im zweiten Band behandelt wird. Damit kam diesem Kapitel eine »Scharnierfunktion« zwischen den Bänden zu. Nachdem sich Marx jedoch entschlossen hatte, dieses Kapitel nicht aufzunehmen, rückte an den Schluß des ersten Bandes die Behandlung der ursprünglichen Akkumulation und der Kolonisationstheorie – beides Themen, die eng mit der Geschichte des Kapitalismus verbunden sind.

Nach Marx' Tod 1883 bestand eine der ersten Aufgaben von Engels darin, den Nachlaß von Marx zu sichten, die Manuskripte für den zweiten und dritten Band zu sichern und eine dritte Auflage des ersten Bandes vorzubereiten. Er sah es als seine Verpflichtung an, das unvollendete Werk in einer weitgehend vollständigen Fassung der Öffentlichkeit zu präsentieren und der Arbeiterbewegung eine wissenschaftliche Grundlage für ihren emanzipatorischen Kampf zu liefern.

Engels bemühte sich bei der Redaktion der 3. deutschen Auflage, die von Marx in seinen Exemplaren der 2. deutschen Auflage und der französischen Ausgabe notierten Änderungen, die ebenso in einem weiteren, bei Marx verbliebenen Verzeichnis aufgelistet waren (siehe MEGA^2 II/8, S. 7–20), zu berücksichtigen. Der siebente Abschnitt war eine besondere Herausforderung, denn es handelte sich – nach Engels' Worten – »um eine fast totale Umarbeitung des ganzen theoretischen Teils« (Engels an F. A. Sorge, 29. Juni 1883. In: MEW 36, S. 45). Um den wichtigsten Anweisungen nachzukommen, benötigte er allein anderthalb Monate. Er führte nicht nur stilistische Verbesserungen aus, sondern übernahm aus der französischen Ausgabe auch eine Reihe wichtiger inhaltlicher Korrekturen. Am Ende des ersten Punktes präzisierte Engels, daß die Geschichte des Kapitalismus in den verschiedenen Ländern verschiedene Färbung angenommen habe, hier England nur als Beispiel genommen werde, da es »klassische Form«[3] besäße (S. 24). So wurden die Beispiele zur Illustration der Expropriation des Landvolks von Grund und Boden erweitert (siehe S. 40–42). Ebenso ergänzt wurden die Passagen über die Entwicklung des inneren Marktes (S. 61/62). Bei der Analyse der Entstehung der industriellen Kapitalisten wurde nach Marx' Anweisung vor allem die ausführliche Schilderung der Rolle der Steuern in der ursprünglichen Akkumulation von Engels aus der französischen Ausgabe übernommen (S. 69–72). Marx hatte auch seine Darstellung der geschichtlichen Tendenz der kapitalistischen Akkumulation ergänzt. Nicht zuletzt hob er die Internationalisierung des Kapitalismus als Folge der Kapitalexpansion stärker hervor (S. 80).

Die Veröffentlichung des historischen Kapitels aus dem »Kapital« ist vor allem als Angebot an Leser gedacht, die nach einem Zugang zu Marx' ökonomischen Theorien suchen und sich nicht gleich in die komplizierten theoretischen Darlegungen vertiefen möchten.

Editorische Hinweise

Unser Separatdruck des 24. Kapitels »Die sogenannte ursprüngliche Akkumulation« des ersten Bandes des »Kapitals« folgt der 4. deutschen Auflage, die von Friedrich Engels 1890 im Verlag von Otto Meißner in Hamburg herausgegeben wurde – wieder veröffentlicht in der Ausgabe der Marx-Engels-Werke (MEW), Band 23. Über die MEW, ihren Charakter und ihre Entstehungsgeschichte gibt das Vorwort zu Band 1, 16. überarbeitete Auflage, Berlin 2006, S. IX–XVIII, Auskunft. Zur Edition des Textes und zur Kommentierung wurden die unten aufgeführten Bände der Zweiten Abteilung der Marx-Engels-Gesamtausgabe ($MEGA^2$) herangezogen.

Der Ausgabe liegen folgende Editionsprinzipien zugrunde: Rechtschreibung und Zeichensetzung sind, soweit vertretbar, modernisiert. Der Lautstand und die Silbenzahl der Wörter wurden nicht verändert. Allgemein gültige Abkürzungen wurden beibehalten. Alle in eckigen Klammern stehenden Wörter und Wortteile stammen von der Redaktion. Geschweifte Klammern geben die von Marx bzw. Engels benutzten eckigen Klammern wieder. Offensichtliche Schreibfehler wurden stillschweigend korrigiert. Für die adäquate Benutzung und Zitierweise nach MEW, Band 23, werden die Seitenwechsel und die Paginierung dieser Ausgabe wie folgt wiedergegeben: ||xx|. Fußnoten von Marx sind durch hochgestellte Ziffern gekennzeichnet, wobei die fortlaufende Numerierung der Ausgabe von MEW, Band 23, entspricht. Fußnoten der Redaktion sind durch hochgestellte Ziffern, deren Numerierung auf jeder Seite neu beginnt, ausgewiesen. Auf Anmerkungen der Redaktion wird durch hochstehende Ziffern in eckigen Klammern verwiesen. Der Anhang (Anmerkungen, Literatur- und Personenverzeichnis, Erklärung der Abkürzungen) wurde nach dem neuesten Forschungsstand erarbeitet.

Berlin, September 2009 *Rolf Hecker*

Literatur

Ausgaben

Marx, Karl: Das Kapital. Erster Band. Hamburg 1867. Die sog. ursprüngliche Akkumulation. In: MEGA² II/5, Berlin 19, S. 574–610.

Marx, Karl: Le Capital. In: MEGA² II/7, Berlin 19, S. 631–679.

Marx, Karl: Das Kapital. Erster Band. Hamburg 1883. 24. Kapitel. Die sog. ursprüngliche Akkumulation. In: MEGA² II/8, Berlin 19, S. 667–713.

Marx, Karl: Das Kapital. Erster Band. Hamburg 1890. 24. Kapitel. Die sog. ursprüngliche Akkumulation. In: MEGA² II/10, Berlin 1991, S. 641–685.

Marx, Karl: Das Kapital. Erster Band. In: MEW, Bd. 23, Berlin 19, S. 741–791.

Marx, Karl: Die sogenannte ursprüngliche Akkumulation. Vierundzwanzigstes Kapitel des ersten Bandes des »Kapitals«, Berlin 1986 (Bücherei des Marxismus-Leninismus).

Forschungsliteratur

Altvater, Elmar u. a.: Kapital.doc. Das Kapital (Bd. I) von Marx in Schaubildern mit Kommentaren, Münster 1999.

Daniels, Arne, Stefan Schmitz: Die Geschichte des Kapitalismus. Vom Webstuhl zum World Wide Web, München 2006.

Ferguson, Niall: Der Aufstieg des Geldes. Die Währung der Geschichte, 2. Aufl., Berlin 2009.

Fülberth, Georg: G Strich – Kleine Geschichte des Kapitalismus, 4., verbesserte und erweiterte Auflage, Köln 2008

Fülberth, Georg, Michael Krätke: Neun Fragen zum Kapitalismus, Berlin 2007 (Texte der Rosa-Luxemburg-Stiftung 36).

Heinrich, Michael: Kritik der politischen Ökonomie. Eine Einführung, 6. Aufl., Stuttgart 2008.

Derslb.: Wie das Marxsche »Kapital« lesen? Leseanleitung und Kommentar zum Anfang des »Kapitals«, 1. Aufl., Stuttgart 2008.

Historisch-kritisches Wörterbuch des Marxismus, hrsg. von Wolfgang Fritz Haug, Bde. 1–7, Hamburg 1994 ff.

Zur Entstehungs- und Editionsgeschichte
Hecker, Rolf: Die Entstehungs-, Überlieferungs- und Editionsgeschichte der ökonomischen Manuskripte und des »Kapital«. In: Altvater, Elmar u. a.: Kapital.doc. Das Kapital (Bd. I) von Marx in Schaubildern mit Kommentaren (mit CD-Rom). Münster 1999, S. 221–242.
Wheen, Francis: Über Karl Marx. Das Kapital, München 2006.
Wygodski, Witali Solomonowitsch: Die Geschichte einer großen Entdeckung. Über die Entstehung des Werkes »Das Kapital« von Karl Marx, Berlin 1967.

Karl Marx | Das Kapital 1.2
Die sogenannte ursprüngliche Akkumulation

1. Das Geheimnis der ursprünglichen Akkumulation

Man hat gesehn, wie Geld in Kapital verwandelt, durch Kapital Mehrwert und aus Mehrwert mehr Kapital gemacht wird. Indes setzt die Akkumulation des Kapitals den Mehrwert, der Mehrwert die kapitalistische Produktion, dieser aber das Vorhandensein größerer Massen von Kapital und Arbeitskraft in den Händen von Warenproduzenten voraus. Diese ganze Bewegung scheint sich also in einem fehlerhaften Kreislauf herumzudrehn, aus dem wir nur hinauskommen, indem wir eine der kapitalistischen Akkumulation vorausgehende »ursprüngliche« Akkumulation (»previous accumulation« bei Adam Smith) unterstellen, eine Akkumulation, welche nicht das Resultat der kapitalistischen Produktionsweise ist, sondern ihr Ausgangspunkt.

Diese ursprüngliche Akkumulation spielt in der politischen Ökonomie ungefähr dieselbe Rolle wie der Sündenfall in der Theologie. Adam biß in den Apfel, und damit kam über das Menschengeschlecht die Sünde. Ihr Ursprung wird erklärt, indem er als Anekdote der Vergangenheit erzählt wird. In einer längst verfloßnen Zeit gab es auf der einen Seite eine fleißige, intelligente und vor allem sparsame Elite und auf der andren faulenzende, ihr alles und mehr verjubelnde Lumpen. Die Legende vom theologischen Sündenfall erzählt uns allerdings, wie der Mensch dazu verdammt worden sei, sein Brot im Schweiß seines Angesichts zu essen; die Historie vom ökonomischen Sündenfall aber enthüllt uns, wieso es Leute gibt, die das keineswegs nötig haben. Einerlei. So kam es, daß die ersten Reichtum akkumulierten und die letztren schließlich nichts zu verkaufen hatten als ihre eigne Haut. Und von diesem Sündenfall datiert die Armut der großen Masse, die immer noch, aller Arbeit zum Trotz, nichts zu verkaufen hat als sich selbst, und der Reichtum der wenigen, der fortwährend wächst, obgleich sie ||742| längst aufgehört haben zu arbeiten. Solche fade Kinderei kaut Herr Thiers z. B. noch mit staatsfeierlichem Ernst, zur Verteidigung der propriété[1], den einst so geistreichen Franzosen vor.[1] Aber sobald die Eigentumsfrage ins Spiel kommt, wird es heilige Pflicht, den Standpunkt der Kinderfibel als den allen Altersklassen und Entwicklungsstufen allein gerechten festzuhalten.[2] In der wirklichen Geschichte spielen bekanntlich Eroberung, Unterjochung, Raubmord, kurz Gewalt die große Rolle. In der sanften politischen Ökonomie herrschte von jeher die Idylle. Recht und »Arbeit« waren von jeher die einzigen Bereicherungsmittel, natürlich mit jedesmaliger Ausnahme von »diesem Jahr«. In der Tat sind die Methoden der ursprünglichen Akkumulation alles andre, nur nicht idyllisch.

Geld und Ware sind nicht von vornherein Kapital, sowenig wie Produktions- und Lebensmittel. Sie bedürfen der Verwandlung in Kapital. Diese Verwandlung selbst aber kann nur unter bestimmten Umständen vorgehn, die sich dahin zusammenspitzen: Zweierlei sehr verschiedne Sorten von Warenbesitzern müssen sich gegenüber und in Kontakt treten, einerseits Eigner von Geld, Produktions- und Lebensmitteln, denen es gilt, die von ihnen geeignete Wertsumme zu verwerten durch Ankauf fremder Arbeitskraft; andrerseits freie Arbeiter, Verkäufer der eignen Arbeitskraft und daher Verkäufer von Arbeit. Freie Arbeiter in dem Doppelsinn, daß weder sie selbst unmittelbar zu den Produktionsmitteln gehören, wie Sklaven, Leibeigne usw., noch auch die Produktionsmittel ihnen gehören, wie beim selbstwirtschaftenden Bauer usw., sie davon vielmehr frei, los und ledig sind. Mit dieser Polarisation des Warenmarkts sind die Grundbedingungen der kapitalistischen Produktion gegeben. Das Kapitalverhältnis setzt die Scheidung zwischen den Arbeitern und dem Eigentum an den Verwirklichungsbedingungen der Arbeit voraus. Sobald die kapitalistische Produktion einmal auf eignen Füßen steht, erhält sie nicht nur jene Scheidung, sondern reproduziert sie auf stets wachsender Stufenleiter. Der Prozeß, der das Kapitalverhältnis schafft, kann also nichts andres sein als der Scheidungsprozeß des Arbeiters vom Eigentum an seinen Arbeitsbedingungen, ein Prozeß, der einer-

1 des Eigentums

seits die gesellschaftlichen Lebens- und Produktionsmittel in Kapital verwandelt, andrerseits die unmittelbaren Produzenten in Lohnarbeiter. Die sog. ursprüngliche Akkumulation ist also nichts als der historische Scheidungsprozeß von Produzent und Produktionsmittel. Er erscheint als »ursprünglich«, weil er die Vorgeschichte des Kapitals und der ihm entsprechenden Produktionsweise bildet. |

|743| Die ökonomische Struktur der kapitalistischen Gesellschaft ist hervorgegangen aus der ökonomischen Struktur der feudalen Gesellschaft. Die Auflösung dieser hat die Elemente jener freigesetzt.

Der unmittelbare Produzent, der Arbeiter, konnte erst dann über seine Person verfügen, nachdem er aufgehört hatte, an die Scholle gefesselt und einer andern Person leibeigen oder hörig zu sein. Um freier Verkäufer von Arbeitskraft zu werden, der seine Ware überall hinträgt, wo sie einen Markt findet, mußte er ferner der Herrschaft der Zünfte, ihren Lehrlings- und Gesellenordnungen und hemmenden Arbeitsvorschriften entronnen sein. Somit erscheint die geschichtliche Bewegung, die die Produzenten in Lohnarbeiter verwandelt, einerseits als ihre Befreiung von Dienstbarkeit und Zunftzwang; und diese Seite allein existiert für unsre bürgerlichen Geschichtschreiber. Andrerseits aber werden diese Neubefreiten erst Verkäufer ihrer selbst, nachdem ihnen alle ihre Produktionsmittel und alle durch die alten feudalen Einrichtungen gebotnen Garantien ihrer Existenz geraubt sind. Und die Geschichte dieser ihrer Expropriation ist in die Annalen der Menschheit eingeschrieben mit Zügen von Blut und Feuer.

Die industriellen Kapitalisten, diese neuen Potentaten, mußten ihrerseits nicht nur die zünftigen Handwerksmeister verdrängen, sondern auch die im Besitz der Reichtumsquellen befindlichen Feudalherren. Von dieser Seite stellt sich ihr Emporkommen dar als Frucht eines siegreichen Kampfes gegen die Feudalmacht und ihre empörenden Vorrechte sowie gegen die Zünfte und die Fesseln, die diese der freien Entwicklung der Produktion und der freien Ausbeutung des Menschen durch den Menschen angelegt. Die Ritter von der Industrie brachten es jedoch nur fertig, die Ritter vom Degen zu verdrängen, dadurch, daß sie Ereignisse ausbeuteten, an denen sie ganz unschuldig waren. Sie haben sich emporgeschwungen durch Mittel, ebenso gemein wie die, wodurch der römische Freigelassene sich einst zum Herrn seines patronus gemacht hat.

Der Ausgangspunkt der Entwicklung, die sowohl den Lohnarbeiter wie den Kapitalisten erzeugt, war die Knechtschaft des Arbeiters. Der Fortgang bestand in einem Formwechsel dieser Knechtung, in der Verwandlung der feudalen in kapitalistische Exploitation. Um ihren Gang zu verstehn, brauchen wir gar nicht so weit zurückzugreifen. Obgleich die ersten Anfänge kapitalistischer Produktion uns schon im 14. und 15. Jahrhundert in einigen Städten am Mittelmeer sporadisch entgegentreten, datiert die kapitalistische Ära erst vom 16. Jahrhundert. Dort, wo sie auftritt, ist die Aufhebung der Leibeigenschaft längst vollbracht und der Glanzpunkt des Mittelalters, der Bestand souveräner Städte, seit geraumer Zeit im Erbleichen. |

|744| Historisch epochemachend in der Geschichte der ursprünglichen Akkumulation sind alle Umwälzungen, die der sich bildenden Kapitalistenklasse als Hebel dienen; vor allem aber die Momente, worin große Menschenmassen plötzlich und gewaltsam von ihren Subsistenzmitteln losgerissen und als vogelfreie Proletarier auf den Arbeitsmarkt geschleudert werden. Die Expropriation des ländlichen Produzenten, des Bauern, von Grund und Boden bildet die Grundlage des ganzen Prozesses. Ihre Geschichte nimmt in verschiedenen Ländern verschiedene Färbung an und durchläuft die verschiedenen Phasen in verschiedener Reihenfolge und in verschiedenen Geschichtsepochen. Nur in England, das wir daher als Beispiel nehmen, besitzt sie klassische Form.[189] [3]

[189] In Italien, wo die kapitalistische Produktion sich am frühsten entwickelt, findet auch die Auflösung der Leibeigenschaftsverhältnisse am frühsten statt. Der Leibeigene wird hier emanzipiert, bevor er irgendein Recht der Verjährung an Grund und Boden gesichert hat. Seine Emanzipation verwandelt ihn also sofort in einen vogelfreien Proletarier, der überdem in den meist schon aus der Römerzeit überlieferten Städten die neuen Herren fertig vorfindet. Als die Revolution des Weltmarkts seit Ende des 15. Jahrhunderts[4] die Handelssuprematie Norditaliens vernichtete, entstand eine Bewegung in umgekehrter Richtung. Die Arbeiter der Städte wurden massenweise aufs Land getrieben und gaben dort der nach Art des Gartenbaus getriebnen, kleinen Kultur einen nie gesehenen Aufschwung.

2. Expropriation des Landvolks von Grund und Boden

In England war die Leibeigenschaft im letzten Teil des 14. Jahrhunderts faktisch verschwunden. Die ungeheure Mehrzahl der Bevölkerung[190] bestand damals und noch mehr im 15. Jahrhundert aus freien, selbstwirtschaf||745|tenden Bauern, durch welch feudales Aushängeschild ihr Eigentum immer versteckt sein mochte. Auf den größeren herrschaftlichen Gütern war der früher selbst leibeigne bailiff (Vogt) durch den freien Pächter verdrängt. Die Lohnarbeiter der Agrikultur bestanden teils aus Bauern, die ihre Mußezeit durch Arbeit bei großen Grundeigentümern verwerteten, teils aus einer selbständigen, relativ und absolut wenig zahlreichen Klasse eigentlicher Lohnarbeiter. Auch letztre waren faktisch zugleich selbstwirtschaftende Bauern, indem sie außer ihrem Lohn Ackerland zum Belauf von 4 und mehr Acres nebst Cottages angewiesen erhielten. Sie genossen zudem mit den eigentlichen Bauern die Nutznießung des Gemeindelandes, worauf ihr Vieh weidete und das ihnen zugleich die Mittel der Feuerung, Holz, Torf usw. bot.[191] In allen Ländern Europas ist die feudale Produktion durch Teilung des Bodens

[190] »Die kleinen Grundeigentümer, die ihre eignen Felder mit eigner Hand bebauten und eines bescheidnen Wohlstands sich erfreuten, ... bildeten damals einen weit wichtigeren Teil der Nation als jetzt... Nicht weniger als 160 000 Grundeigentümer, die mit ihren Familien mehr als $^1/_7$ der Gesamtbevölkerung ausgemacht haben müssen, lebten von der Bewirtschaftung ihrer kleinen Freehold Hufen« (Freehold ist vollfreies Eigentum). »Das Durchschnittseinkommen dieser kleinen Grundbesitzer ... wird auf 60 bis 70 Pfd.St. geschätzt. Es wurde berechnet, daß die Zahl derer, die ihren eignen Grundbesitz bebauten, größer war als die der Pächter auf fremdem Boden.« (Macaulay, »Hist. of England«, 10th ed., London 1854, I, p. 333–334.) – Noch im letzten Drittel des 17. Jahrhundert waren $^4/_5$ der englischen Volksmasse agrikol (l.c. p. 413). – Ich zitiere Macaulay, weil er als systematischer Geschichtsfälscher derartige Tatsachen möglichst »beschneidet«.

[191] Man muß nie vergessen, daß selbst der Leibeigne nicht nur Eigentümer, wenn auch tributpflichtiger Eigentümer, der zu seinem Haus gehörigen Bodenparzellen war, sondern auch Miteigentümer des Gemeindelandes. »Der Bauer ist dort« (in Schlesien) »Leibeigener.« Nichtsdestoweniger besitzen diese serfs [Leibeigenen] Gemeindegüter. »Man konnte bisher die Schlesier noch nicht zur Teilung des Gemeindelandes veranlassen, während es in der Neumark kaum ein Dorf gibt, in dem diese Teilung nicht mit größtem Erfolg durchgeführt worden wäre.« (Mirabeau, »De la Monarchie Prussienne«, Londres 1788, t. II, p. 125, 126.)

unter möglichst viele Untersassen charakterisiert. Die Macht des Feudalherrn, wie die jedes Souveräns, beruhte nicht auf der Länge seiner Rentrolle, sondern auf der Zahl seiner Untertanen, und letztre hing von der Zahl selbstwirtschaftender Bauern ab.[192] Obgleich der englische Boden daher nach der normännischen Eroberung[5] in riesenhafte Baronien verteilt ward, wovon eine einzige oft 900[6] alte angelsächsische Lordschaften einschloß, war er besät von kleinen Bauernwirtschaften, nur hier und da durchbrochen von größeren herrschaftlichen Gütern. Solche Verhältnisse, bei gleichzeitiger Blüte des Städtewesens, wie sie das 15. Jahrhundert auszeichnet, erlaubten jenen Volksreichtum, den der Kanzler Fortescue so beredt in seinen »Laudibus Legum Angliae« schildert, aber sie schlossen den Kapitalreichtum aus.

Das Vorspiel der Umwälzung, welche die Grundlage der kapitalistischen Produktionsweise schuf, ereignet sich im letzten Dritteil des 15. und den ||746| ersten Dezennien des 16. Jahrhunderts. Eine Masse vogelfreier Proletarier ward auf den Arbeitsmarkt geschleudert durch die Auflösung der feudalen Gefolgschaften, die, wie Sir James Steuart richtig bemerkt, »überall nutzlos Haus und Hof füllten«.[7] Obgleich die königliche Macht, selbst ein Produkt der bürgerlichen Entwicklung, in ihrem Streben nach absoluter Souveränität die Auflösung dieser Gefolgschaften gewaltsam beschleunigte, war sie keineswegs deren einzige Ursache. Vielmehr im trotzigsten Gegensatz zu Königtum und Parlament schuf der große Feudalherr ein ungleich größeres Proletariat durch gewaltsame Verjagung der Bauernschaft von dem Grund und Boden, worauf sie denselben feudalen Rechtstitel besaß wie er selbst, und durch Usurpation ihres Gemeindelandes. Den unmittelbaren Anstoß dazu gab in England namentlich das Aufblühn der flandrischen Wollmanufaktur und das entsprechende Steigen der Wollpreise. Den alten Feudaladel hatten die großen Feudalkriege[8] verschlungen, der neue

[192] Japan, mit seiner rein feudalen Organisation des Grundeigentums und seiner entwickelten Kleinbauernwirtschaft, liefert ein viel treueres Bild des europäischen Mittelalters als unsre sämtlichen, meist von bürgerlichen Vorurteilen diktierten Geschichtsbücher. Es ist gar zu bequem, auf Kosten des Mittelalters »liberal« zu sein.

war ein Kind seiner Zeit, für welche Geld die Macht aller Mächte. Verwandlung von Ackerland in Schafweide ward also sein Losungswort. Harrison, in seiner »Description of England. Prefixed to Holinshed's Chronicles«, beschreibt, wie die Expropriation der kleinen Bauern das Land ruiniert. »What care our great incroachers!« (Was fragen unsre großen Usurpatoren danach?) Die Wohnungen der Bauern und die Cottages der Arbeiter wurden gewaltsam niedergerissen oder dem Verfall geweiht.

> »Wenn man«, sagt Harrison, »die älteren Inventarien jedes Ritterguts vergleichen will, so wird man finden, daß unzählige Häuser und kleine Bauernwirtschaften verschwunden sind, daß das Land viel weniger Leute nährt, daß viele Städte verfallen sind, obgleich einige neue aufblühn... Von Städten und Dörfern, die man für Schaftriften zerstört hat und worin nur noch die Herrschaftshäuser stehn, könnte ich etwas erzählen.«

Die Klagen jener alten Chroniken sind immer übertrieben, aber sie zeichnen genau den Eindruck der Revolution in den Produktionsverhältnissen auf die Zeitgenossen selbst. Ein Vergleich zwischen den Schriften der Kanzler Fortescue und Thomas Morus veranschaulicht die Kluft zwischen dem 15. und 16. Jahrhundert. Aus ihrem goldnen Zeitalter, wie Thornton richtig sagt, stürzte die englische Arbeiterklasse ohne alle Zwischenübergänge in das eiserne.[9]

Die Gesetzgebung erschrak vor dieser Umwälzung. Sie stand noch nicht auf der Zivilisationshöhe, wo »Wealth of the Nation«[1], d. h. Kapitalbildung und rücksichtslose Exploitation und Verarmung der Volksmasse als ultima ||747| Thule[2] aller Staatsweisheit gelten. In seiner Geschichte Heinrichs VII. sagt Baco:

> »Um diese Zeit« (1489) »mehrten sich die Klagen über Verwandlung von Ackerland in Weide« (zur Schaftrift usw.), »leicht zu versehn

1 »Reichtum der Nation«

2 äußerste Grenze

> durch wenige Hirten; und Pachtungen auf Zeit, auf Lebzeit und auf jährliche Kündigung (wovon ein großer Teil der Yeomen lebte) wurden in Dominialgüter verwandelt. Dies brachte einen Verfall des Volks hervor und infolgedessen einen Verfall von Städten, Kirchen, Zehnten... In der Kur dieses Mißstandes war die Weisheit des Königs und des Parlaments zu dieser Zeit bewundernswert... Sie ergriffen Maßregeln wider diese entvölkernde Usurpation der Gemeindeländereien (depopulating inclosures) und die ihr auf dem Fuß folgende entvölkernde Weidewirtschaft (depopulating pasture).«[10]

Ein Akt Heinrich des Siebenten, 1489, c. 19, verbot die Zerstörung aller Bauernhäuser, zu denen wenigstens 20 Acres Land gehörten. In einem Akt 25[11], Heinrich VIII., wird dasselbe Gesetz erneuert. Es heißt u. a., daß

> »viele Pachtungen und große Viehherden, besonders Schafe, sich in wenigen Händen aufhäufen, wodurch die Grundrenten sehr gewachsen und der Ackerbau (tillage) sehr verfallen, Kirchen und Häuser niedergerissen, wunderbare Volksmassen verunfähigt seien, sich selbst und Familien zu erhalten«[12].

Das Gesetz verordnet daher den Wiederbau der verfallnen Hofstätten, bestimmt das Verhältnis zwischen Kornland und Weideland usw. Ein Akt von 1533 klagt, daß manche Eigentümer 24 000 Schafe besitzen, und beschränkt deren Zahl auf 2 000.[193] Die Volksklage und die seit Heinrich dem VII. an 150 Jahre fortdauernde Gesetzgebung wider die Expropriation der kleinen Pächter und Bauern waren gleich fruchtlos.[13] Das Geheimnis ihrer Erfolglosigkeit verrät uns Baco wider Wissen.

> »Der Akt Heinrichs des Siebenten«, sagt er in seinen »Essays, civil and moral«, Sect. 29, »war tief und bewunderungswürdig, indem er Landwirtschaften und Ackerbauhäuser von bestimmtem Normalmaß

193 In seiner »Utopia« spricht Thomas Morus von dem sonderbaren Land, wo »Schafe die Menschen auffressen«. (»Utopia«, transl. Robinson, ed. Arber, London 1869, p. 41.)

schuf, d. h. eine Proportion von Land für sie erhielt, die sie befähigte, Untertanen von genügendem Reichtum und ohne servile Lage auf die Welt zu setzen und den Pflug in der Hand von Eigentümern, nicht von Mietlingen zu halten (to keep the plough in the hand of the owners and not hirelings).«[193a] |

|748| Was das kapitalistische System erheischte, war umgekehrt servile Lage der Volksmasse, ihre eigne Verwandlung in Mietlinge und Verwandlung ihrer Arbeitstitel in Kapital. Während dieser Übergangsperiode suchte die Gesetzgebung auch die 4 Acres Land bei der Cottage des ländlichen Lohnarbeiters zu erhalten und verbot ihm die Aufnahme von Mietsleuten in seine Cottage. Noch 1627, unter Karl I., wurde Roger Crocker von Fontmill verurteilt wegen Baus einer Cottage im Manor von Fontmill ohne 4 Acres Land als beständiges Annex an dieselbe; noch 1638, unter Karl I., wurde eine königliche Kommission ernannt, um die Durchführung der alten Gesetze, namentlich auch über die 4 Acres Land, zu erzwingen; noch Cromwell verbot Erbauung eines Hauses in 4 Meilen weitem Umkreis von London ohne Ausstattung desselben mit 4 Acres Land. Noch in der ersten Hälfte des 18. Jahrhunderts wird ge-

[193a] Baco setzt den Zusammenhang zwischen einer freien wohlhabenden Bauerschaft und guter Infanterie auseinander. »Es war dies wundervoll wichtig für die Macht und Haltung des Königreichs, Pachtung zu haben von genügendem Maß, um tüchtige Männer außer Not zu halten, und einen großen Teil des Bodens des Königreichs festzubinden im Besitz der Yeomanry oder von Leuten mittlerer Lage zwischen Edelleuten und Häuslern (cottagers) und Bauernknechten... Denn es ist die allgemeine Meinung der kompetentesten Kriegskenner..., daß die Hauptstärke einer Armee in der Infanterie oder dem Fußvolk besteht. Aber um eine gute Infanterie zu bilden, braucht man Leute, die nicht in serviler oder dürftiger Weise, sondern frei und in einer gewissen Wohlhabenheit aufgewachsen sind. Wenn ein Staat daher allzumeist in Edelleute und feine Herren ausschlägt, während Landleute und Pflüger deren bloßes Arbeitsvolk oder Ackerknechte sind oder auch Häusler, d. h. behauste Bettler, mögt ihr eine gute Reiterei haben, aber niemals gutes standhaftes Fußvolk... Man sieht dies in Frankreich und Italien und einigen andren auswärtigen Gegenden, wo in der Tat alles Adel oder elende Bauerschaft ... so sehr, daß sie gezwungen sind, Lohnbanden von Schweizern u. dgl. für ihre Infanteriebataillone anzuwenden: woher es auch kommt, daß diese Nationen viel Volk und wenig Soldaten haben.« (»The Reign of Henry VII etc. Verbatim Reprint from Kennet's England, ed. 1719«, Lond. 1870, p. 308.)

klagt, wenn die Cottage des Landarbeiters kein Zubehör von 1 bis 2 Acres hat. Heutzutag ist er glücklich, wenn sie mit einem Gärtchen ausgestattet ist oder wenn er weitab von ihr ein Paar Ruten Land mieten kann.

> »Grundherren und Pächter«, sagt Dr. Hunter, »handeln hier Hand in Hand. Wenige Acres zur Cottage würden den Arbeiter zu unabhängig machen.«[194]

Einen neuen furchtbaren Anstoß erhielt der gewaltsame Expropriationsprozeß der Volksmasse im 16. Jahrhundert durch die Reformation und, in ||749| ihrem Gefolge, den kolossalen Diebstahl der Kirchengüter. Die katholische Kirche war zur Zeit der Reformation Feudaleigentümerin eines großen Teils des englischen Grund und Bodens. Die Unterdrückung der Klöster usw. schleuderte deren Einwohner ins Proletariat. Die Kirchengüter selbst wurden großenteils an raubsüchtige königliche Günstlinge verschenkt oder zu einem Spottpreis an spekulierende Pächter und Stadtbürger verkauft, welche die alten erblichen Untersassen massenhaft verjagten und ihre Wirtschaften zusammenwarfen. Das gesetzlich garantierte Eigentum verarmter Landleute an einem Teil der Kirchenzehnten ward stillschweigend konfisziert.[195] »Pauper ubique jacet«[14], rief Königin Elisabeth nach einer Rundreise durch England. Im 43. Jahre ihrer Regierung war man endlich gezwungen, den Pauperismus offiziell anzuerkennen durch Einführung der Armensteuer.

> »Die Urheber dieses Gesetzes schämten sich, seine Gründe auszusprechen, und schickten es daher, wider alles Herkommen, ohne irgendein preamble (Eingangsmotivierung) in die Welt.«[196]

[194] Dr. Hunter, l.c. p. 134. – »Die Menge Land, die« (in den alten Gesetzen) »zugewiesen wurde, würde heute für zu groß gehalten werden für Arbeiter und eher als dazu geeignet, sie in kleine Pächter zu verwandeln.« (George Roberts, »The Social History of the People of the Southern Counties of England in past centuries«, Lond. 1856, p. 184.)

[195] »Das Recht der Armen, an den Kirchenzehnten beteiligt zu werden, ist durch alte Satzungen festgelegt.« (Tuckett, l.c., v. II, p. 804, 805.)

[196] Williarn Cobbett, »A History of the Protestant Reformation«, § 471.

Durch 16. Car. I., 4[1] wurde es perpetuell erklärt und erhielt in der Tat erst 1834 eine neue härtere Form.[197] Diese unmittelbaren Wirkungen der Reformation waren nicht ihre nachhaltigsten. Das Kircheneigentum bil-

[197] Den protestantischen »Geist« ersieht man u. a. aus folgendem. Im Süden Englands steckten verschiedne Grundeigentümer und wohlhabende Pächter die Köpfe zusammen und setzten über die richtige Interpretation des Armengesetzes der Elisabeth 10 Fragen auf, welche sie einem berühmten Juristen jener Zeit, Sergeant Snigge (später Richter unter Jakob I.), zum Gutachten vorlegten. »Neunte Frage: Einige der reichen Pächter der Pfarrei haben einen klugen Plan ausgeheckt, wodurch alle Wirre in Ausübung des Akts beseitigt werden kann. Sie schlagen den Bau eines Gefängnisses in der Pfarrei vor. Jedem Armen, der sich nicht in vorbesagtes Gefängnis einsperren lassen will, soll die Unterstützung versagt werden. Es soll dann der Nachbarschaft Anzeige gemacht werden, daß, wenn irgendeine Person geneigt, die Armen dieser Pfarrei zu pachten, sie versiegelte Vorschläge eingeben soll, an einem bestimmten Tag, zum niedren Preis, wozu sie selbe uns abnehmen will. Die Urheber dieses Plans unterstellen, daß es in den Nachbargrafschaften Personen gibt, die unwillig sind zu arbeiten, und ohne Vermögen oder Kredit, um eine Pacht oder ein Schiff zu erwerben, so daß sie ohne Arbeit leben könnten (so as to live without labour). Solche dürften geneigt sein, der Pfarrei sehr vorteilhafte Vorschläge zu machen. Sollten hier und da Arme unter des Kontraktors Obhut kaputt gehn, so wird die Sünde an seiner Tür liegen, da die Pfarrei ihre Pflichten gegen selbige Arme erfüllt hätte. Wir fürchten jedoch, daß der gegenwärtige Akt keine Klugheitsmaßregel (prudential measure) dieser Art erlaubt; aber Sie müssen wissen, daß der Rest der freeholders [Freisassen] dieser Grafschaft und der anliegenden sich uns anschließen wird, um ihre Unterhausmitglieder zur Vorlage eines Gesetzes anzutreiben, welches Einsperrung und Zwangsarbeit der Armen gestattet, so daß jede Person, welche sich der Einsperrung widersetzt, zu keiner Unterstützung berechtigt sein soll. Dies, so hoffen wir, wird Personen im Elend abhalten, Unterstützung zu beanspruchen (will prevent persons in distress from wanting relief).« (R. Blakey, »The History of Political Literature from the earliest times«, Lond. 1855, v. II, p. 84, 85.) – In Schottland fand die Abschaffung der Leibeigenschaft Jahrhunderte später statt als in England. Noch 1698 erklärte Fletcher von Saltoun im schottischen Parlament: »Die Zahl der Bettler ist in Schottland auf nicht weniger als 200 000 geschätzt. Das einzige Hilfsmittel, welches ich, ein Republikaner von Prinzip, vorschlagen kann, ist, den alten Zustand der Leibeigenschaft zu restaurieren und aus allen denen Sklaven zu machen, die unfähig sind, für ihre eigne Subsistenz zu sorgen.« So Eden, l.c., b. I, ch. I, p. 60, 61. – »Von der Freiheit der Ackerbauer datiert der Pauperismus... Manufakturen und Handel sind die wahren Eltern unsrer nationalen Armen.« Eden, wie jener schottische Republikaner von Prinzip, irrt nur darin, daß nicht die Aufhebung der Leibeigenschaft, sondern die Aufhebung des Eigentums des Ackerbauers an Grund und Boden ihn zum Proletarier, resp. Pauper machte. – Englands Armengesetzen entspricht in Frankreich, wo sich die Expropriation in andrer Weise vollzog, die Ordonnanz von Moulins, 1566, und das Edikt von 1656.

[1] 4. Gesetz aus dem 16. Regierungsjahr Karls I.

dete ||750| das religiöse Bollwerk der altertümlichen Grundeigentumsverhältnisse. Mit seinem Fall waren sie nicht länger haltbar.[198]

Noch in den letzten Dezennien des 17. Jahrhunderts war die Yeomanry, eine unabhängige Bauerschaft, zahlreicher als die Klasse der Pächter. Sie hatte die Hauptstärke Cromwells gebildet und stand, selbst nach Macaulays Geständnis, in vorteilhaftem Gegensatz zu den versoffnen Mistjunkern und ihren Bedienten, den Landpfaffen, welche die herrschaftliche »Lieblingsmagd« unter die Haube bringen mußten. Noch waren selbst die ländlichen Lohnarbeiter Mitbesitzer am Gemeindeeigentum. 1750 ungefähr war die Yeomanry verschwunden[199], und in den letzten Dezennien des 18. Jahr||751|hunderts die letzte Spur von Gemeindeeigentum der Ackerbauer. Wir sehn hier ab von den rein ökonomischen Triebfedern der Agrikulturrevolution. Wir fragen nach ihren gewaltsamen Hebeln.

Unter der Restauration der Stuarts setzten die Grundeigentümer eine Usurpation gesetzlich durch, die sich überall auf dem Kontinent auch ohne gesetzliche Weitläufigkeit vollzog. Sie hoben die Feudalverfassung des Bodens auf, d. h., sie schüttelten seine Leistungspflichten an den Staat ab, »entschädigten« den Staat durch Steuern auf die Bauerschaft und übrige Volksmasse, vindizierten modernes Privateigentum an Gütern, worauf sie nur Feudaltitel besaßen, und oktroyierten schließlich jene Niederlassungsgesetze (laws of settlement)[15], die, mutatis mutandis[16], auf die englischen Ackerbauer wirkten wie des Tataren Boris Godunow Edikt auf die russische Bauerschaft.[17]

---

198 Herr Rogers, obgleich damals Professor der politischen Ökonomie an der Universität zu Oxford, dem Stammsitz protestantischer Orthodoxie, betont in seiner Vorrede zur »History of Agriculture« die Pauperisierung der Volksmasse durch die Reformation.

199 »A Letter to Sir T.C. Bunbury, Brt.: On the High Price of Provisions. By a Suffolk Gentleman«, Ipswich 1795, p. 4. Selbst der fanatische Verteidiger des großen Pachtwesens, der Verfasser [J. Arbuthnot] der »Inquiry into the Connection of large farms etc.«, Lond. 1773, p. 139, sagt: »Am meisten beklage ich den Verlust unserer Yeomanry, jener Schar von Männern, die in Wirklichkeit die Unabhängigkeit dieser Nation aufrechterhielten; und ich bedaure, ihre Ländereien jetzt in den Händen monopolisierender Lords an kleine Pächter verpachtet zu sehn, die ihre Pachten zu solchen Bedingungen halten, daß sie kaum mehr sind als Vasallen, die bei jeder mißlichen Gelegenheit einem Ruf Folge leisten müssen.«

Die »glorious Revolution« (glorreiche Revolution)[18] brachte mit dem Oranier Wilhelm III.[200] die grundherrlichen und kapitalistischen Plusmacher zur Herrschaft. Sie weihten die neue Ära ein, indem sie den bisher nur bescheiden betriebenen Diebstahl an den Staatsdomänen auf kolossaler Stufenleiter ausübten. Diese Ländereien wurden verschenkt, zu Spottpreisen verkauft oder auch durch direkte Usurpation an Privatgüter annexiert.[201] Alles das geschah ohne die geringste Beobachtung gesetzlicher ||752| Etikette. Das so fraudulent angeeignete Staatsgut samt dem Kirchenraub, soweit er während der republikanischen Revolution[19] nicht abhanden gekommen, bildet die Grundlage der heutigen fürstlichen Domänen der englischen Oligarchie.[202] Die bürgerlichen Kapitalisten begünstigten die Operation, u. a. um den Grund und Boden in einen reinen Handelsartikel zu verwandeln, das Gebiet des agrikolen Großbetriebs auszudehnen, ihre Zufuhr vogelfreier Proletarier vom Lande zu vermehren usw. Zudem war die neue Grundaristokratie die natürliche Bundesgenossin der neuen Bankokratie, der eben aus dem Ei gekrochnen hohen Finanz und der damals auf Schutzzölle sich stützenden großen Manufakturisten. Die englische Bourgeoisie handelte für ihr Interesse ganz so richtig wie die schwedischen Stadtbürger, die umgekehrt, Hand in Hand mit ihrem ökonomischen Bollwerk, der Bauerschaft,

200 Über die Privatmoral dieses bürgerlichen Helden u. a.: »Die großen Zuwendungen von Ländereien an Lady Orkney in Irland im Jahre 1695 sind ein öffentlicher Beweis für die Zuneigung des Königs und den Einfluß der Lady ... die köstlichen Dienste der Lady Orkney sollen bestanden haben in – foeda labiorum ministeria [schmutzigen Lippendiensten].« (In der Sloane Manuscript Collection, auf dem Britischen Museum, Nr. 4224. Das Manuskript ist betitelt: »The charakter and behaviour of King William, Sunderland etc. as represented in Original Letters to the Duke of Shrewsbury from Somers, Halifax, Oxford, Secretary Vernon etc.« Es ist voller Kuriosa.)

201 »Die illegale Veräußerung der Krongüter, teils durch Verkauf und teils durch Schenkung, bildet ein skandalöses Kapitel in der englischen Geschichte ... eine gigantische Prellerei der Nation (gigantic fraud on the nation).« (F. W. Newman, »Lectures on Political Econ.«, Lond. 1851, p. 129, 130.) {Wie die heutigen englischen Großgrundbesitzer zu ihrem Besitz kamen, im einzelnen nachzusehn in [N. H. Evans,] »Our old Nobility. By Noblesse Oblige«, London 1879. – F. E.}

202 Man lese z. B. E. Burkes Pamphlet über das herzogliche Haus von Bedford, dessen Sprosse Lord John Russell, »the tomtit of liberalism« [»der Zaunkönig des Liberalismus«].

die Könige in der gewaltsamen Resumption der Kronländereien von der Oligarchie (seit 1604, später unter Karl X. und Karl XI.) unterstützten.

Das Gemeindeeigentum – durchaus verschieden von dem eben betrachteten Staatseigentum – war eine altgermanische Einrichtung, die unter der Decke der Feudalität fortlebte. Man hat gesehn, wie die gewaltsame Usurpation desselben, meist begleitet von Verwandlung des Ackerlands in Viehweide, Ende des 15. Jahrhunderts beginnt und im 16. Jahrhundert fortdauert. Aber damals vollzog sich der Prozeß als individuelle Gewalttat, wogegen die Gesetzgebung 150 Jahre lang vergeblich ankämpft. Der Fortschritt des 18. Jahrhunderts offenbart sich darin, daß das Gesetz selbst jetzt zum Vehikel des Raubs am Volksland wird, obgleich die großen Pächter nebenbei auch ihre kleinen unabhängigen Privatmethoden anwenden.[203] Die parlamentarische Form des Raubs ist die der »Bills for Inclosures of ||753| Commons« (Gesetze für Einhegung des Gemeindelandes), in andren Worten Dekrete, wodurch die Grundherrn Volksland sich selbst als Privateigentum schenken, Dekrete der Volksexpropriation. Sir F. M. Eden widerlegt sein pfiffiges Advokatenplädoyer, worin er das Gemeindeeigentum als Privateigentum der an die Stelle der Feudalen getretenen großen Grundeigentümer darzustellen sucht, indem er selbst einen »allgemeinen Parlamentsakt für Einhegung der Gemeindeländereien« verlangt, also zugibt, daß ein parlamentarischer Staatsstreich zu ihrer Verwandlung in Privateigentum nötig ist, andrerseits aber von der Legislatur »Schadenersatz« für die expropriierten Armen fordert.[204]

Während an die Stelle der unabhängigen Yeomen tenants-at-will traten, kleinere Pächter auf einjährige Kündigung, eine servile und von der Willkür der Landlords abhängige Rotte, half, neben dem Raub der

[203] »Die Pächter verbieten den cottagers (Häuslern), irgendeine lebendige Kreatur außer sich selbst zu erhalten, unter dem Vorwand, daß, wenn sie Vieh oder Geflügel hielten, sie von den Scheunen Futter stehlen würden. Sie sagen auch, haltet die Cottagers arm, und ihr haltet sie fleißig. Die wirkliche Tatsache aber ist, daß die Pächter so das ganze Recht an den Gemeindeländereien usurpieren.« (»A Political Enquiry into the Consequences of enclosing Waste Lands«, Lond. 1785, p. 75.)

[204] Eden, l.c., Preface, [p. XVII, XIX].

Staatsdomänen, namentlich der systematisch betriebne Diebstahl des Gemeindeeigentums jene großen Pachten anschwellen, die man im 18. Jahrhundert Kapital-Pachten[205] oder Kaufmanns-Pachten[206] nannte, und das Landvolk als Proletariat für die Industrie »freisetzen«.

Das 18. Jahrhundert begriff jedoch noch nicht in demselben Maß wie das 19. die Identität zwischen Nationalreichtum und Volksarmut. Daher heftigste Polemik in der ökonomischen Literatur jener Zeit über die »inclosure of commons«. Ich gebe aus dem massenhaften Material, das mir vorliegt, einige wenige Stellen, weil dadurch lebhaft die Zustände veranschaulicht werden.[20]

»In vielen Pfarreien von Hertfordshire«, schreibt eine entrüstete Feder, »sind 24 im Durchschnitt 50–150 Acres zählende Pachten in 3 Pachten zusammengeschmolzen.«[207] »In Northamptonshire und Lincolnshire hat die Einhegung der Gemeindeländereien sehr vorgeherrscht und die meisten aus den Einhegungen entsprungnen neuen Lordschaften sind in Weide verwandelt; infolge davon haben viele Lordschaften jetzt nicht 50 Acres unter dem Pflug, wo früher 1500 gepflügt wurden… Ruinen früherer Wohnhäuser, Scheunen, Ställe usw.« sind die einzigen Spuren der früheren Einwohner. »Hundert Häuser und Familien sind an manchen Plätzen zusammengeschrumpft … auf 8 oder 10 … Der Grundeigentümer in den meisten Pfarreien, wo ||754| die Einhegung erst seit 15 oder 20 Jahren vorging, sind sehr wenige in Vergleich zu den Zahlen, von denen das Land im offnen Feldzustand bebaut wurde. Es ist nichts Ungewöhnliches, 4 oder 5 reiche Viehmäster große, jüngst eingehegte Lordschaften usurpieren zu sehn, die sich früher in der Hand von 20–30 Pächtern und von ebenso vielen

205 »Capital farms.« (»Two Letters on the Flour Trade and the Dearness of Corn. By a Person in Business«, Lond. 1767, p. 19, 20.)

206 »Merchant-farms.« (»An Inquiry into the Present High Prices of Provisions«, Lond. 1767, p. 111, Note.) Diese gute Schrift, die anonym erschien, verfaßt von dem Rev. Nathaniel Forster.

207 Thomas Wright, »A short address to the Public on the Monopoly of large farms«, 1779, p. 2, 3.

kleineren Eigentümern und Insassen befanden. Alle diese sind mit ihren Familien aus ihrem Besitztum herausgeworfen nebst vielen andren Familien, die durch sie beschäftigt und erhalten wurden.«[208]

Es war nicht nur brachliegendes, sondern oft, unter bestimmter Zahlung an die Gemeinde, oder gemeinschaftlich, bebautes Land, das unter dem Vorwand der Einhegung vom angrenzenden Landlord annexiert wurde.

»Ich spreche hier vom Einschluß offner Felder und Ländereien, die bereits bebaut sind. Selbst die Schriftsteller, welche die Inclosures verteidigen, geben zu, daß letztre das Monopol großer Pachtungen vermehren, die Preise der Lebensmittel erhöhen und Entvölkerung produzieren ... und selbst die Einhegung wüster Ländereien, wie jetzt betrieben, raubt dem Armen einen Teil seiner Subsistenzmittel und schwellt Pachtungen auf, die bereits zu groß sind.«[209] »Wenn«, sagt Dr. Price, »das Land in die Hände einiger weniger großen Pächter gerät, werden die kleinen Pächter« (früher von ihm bezeichnet als »eine Menge kleiner Eigentümer und Pächter, die sich selbst und Familien erhalten durch das Produkt des von ihnen bestellten Landes, durch Schafe, Geflügel, Schweine usw., die sie auf das Gemeindeland schicken, so daß sie wenig Anlaß zum Kauf von Subsistenzmitteln haben«) »verwandelt in Leute, die ihre Subsistenz durch Arbeit für andre gewinnen müssen und gezwungen sind, für alles, was sie brauchen, zu Markt zu gehn. Es wird vielleicht mehr Arbeit verrichtet, weil mehr Zwang dazu herrscht... Städte und Manufakturen werden wachsen, weil mehr Leute zu ihnen verjagt werden, welche Beschäftigung suchen. Dies ist der Weg, worin die Konzen-

208 Rev. Addington, »Enquiry into the Reasons for or against enclosing open fields«, Lond. 1772, p. 37–43 passim.

209 Dr. R. Price, l.c., v. II, p. 155, 156. Man lese Forster, Addington, Kent, Price and James Anderson und vergleiche das elende Sykophantengeschwätz MacCullochs in seinem Katalog, »The Literature of Political Economy«, Lond. 1845.

tration der Pachtungen naturgemäß wirkt und worin sie, seit vielen Jahren, in diesem Königreich tatsächlich gewirkt hat.«[210]

Er faßt die Gesamtwirkung der inclosures so zusammen:

»Im ganzen hat sich die Lage der niederen Volksklassen fast in jeder Hinsicht verschlechtert, die kleineren Grundbesitzer und Pächter sind herabgedrückt auf den Stand von Taglöhnern und Mietlingen; und zur selben Zeit ist der Lebensgewinn in diesem Zustand schwieriger geworden.«[211] |

|755| In der Tat wirkten Usurpation des Gemeindelands und die sie begleitende Revolution der Agrikultur so akut auf die Ackerbauarbeiter, daß, nach Eden selbst, zwischen 1765 und 1780 ihr Lohn anfing, unter das Minimum zu fallen und durch offizielle Armenunterstützung ergänzt zu werden. Ihr Arbeitslohn, sagt er, »genügte nur noch eben für die absoluten Lebensbedürfnisse«. Hören wir noch einen Augenblick einen Verteidiger der enclosures und Gegner des Dr. Price.

210 l.c. p. 147, 148.

211 l.c. p. 159, 160. Man erinnert sich an das alte Rom. Die Reichen hatten sich des größten Teils der ungeteilten Ländereien bemächtigt. Sie vertrauten den Zeitumständen, daß sie ihnen nicht mehr abgenommen würden, und kauften daher die in ihrer Nähe gelegenen Stücke der Armen, zum Teil mit deren Willen, zum Teil nahmen sie sie ihnen mit Gewalt, so daß sie nur mehr weit ausgedehnte Domänen statt einzelner Felder bebauten. Sie gebrauchten dabei Sklaven zum Landbau und zur Viehzucht, weil ihnen freie Leute weg von der Arbeit zum Kriegsdienst genommen worden wären. Der Besitz von Sklaven brachte ihnen auch insofern großen Gewinn, als sich diese wegen ihrer Befreiung vom Kriegsdienst ungefährdet vermehren konnten und eine Menge Kinder bekamen. So zogen die Mächtigen durchaus allen Reichtum an sich, und die ganze Gegend wimmelte von Sklaven. Der Italer dagegen wurden immer weniger, aufgerieben wie sie waren durch Armut, Abgaben und Kriegsdienst. Traten aber auch Zeiten des Friedens ein, so waren sie zu vollkommner Untätigkeit verdammt, weit die Reichen im Besitze des Bodens waren, und statt freier Leute Sklaven zum Ackerbau brauchten.« (Appian, »Römische Bürgerkriege«, I, 7.) Diese Stelle bezieht sich auf die Zeit vor dem licinischen Gesetze[21]. Der Kriegsdienst, der den Ruin der römischen Plebejer so sehr beschleunigte, war auch ein Hauptmittel, wodurch Karl der Große die Verwandlung freier deutscher Bauern in Hörige und Leibeigne treibhausmäßig förderte.

»Es ist kein richtiger Schluß, daß Entvölkerung vorhanden, weil man Leute nicht länger ihre Arbeit im offnen Feld verschwenden sieht... Wenn nach Verwandlung kleiner Bauern in Leute, die für andre arbeiten müssen, mehr Arbeit flüssig gemacht wird, so ist das ja ein Vorteil, den die Nation« (wozu die Verwandelten natürlich nicht gehören) »wünschen muß. Das Produkt wird größer sein, wenn ihre kombinierte Arbeit auf einer Pachtung angewandt wird: so wird Surplusprodukt für die Manufakturen gebildet, und dadurch werden Manufakturen, eine der Goldgruben dieser Nation, im Verhältnis zum produzierten Kornquantum vermehrt.«[212] |

|756| Die stoische Seelenruhe, womit der politische Ökonom frechste Schändung des »heiligen Rechts des Eigentums« und gröbste Gewalttat wider Personen betrachtet, sobald sie erheischt sind, um die Grundlage der kapitalistischen Produktionsweise herzustellen, zeigt uns u. a. der überdem noch torystisch gefärbte und »philanthropische« Sir F. M. Eden. Die ganze Reihe von Raubtaten, Greueln und Volksdrangsalen, welche die gewaltsame Volksexpropriation vom letzten Drittel des 15. bis zum Ende des 18. Jahrhunderts begleiten, treibt ihn nur zur »komfortablen« Schlußreflexion:

»Die richtige (due) Proportion zwischen Acker- und Viehland mußte hergestellt werden. Noch im ganzen 14. und größten Teil des 15. Jahrhunderts kam 1 Acre Viehweide auf 2, 3 und selbst 4 Acres Ackerland. In Mitte des 16. Jahrhunderts verwandelte sich die Proportion in 2 Acres Viehland auf 2, später von 2 Acres Viehweide auf 1 Acre Ackerland, bis endlich die richtige Proportion von 3 Acres Viehland auf 1 Acre Ackerland herauskam.«

[212] [J. Arbuthnot,] »An Inquiry into the Connection between the present Prices of Provisions etc.«, p. 124, 129. Ähnlich, aber mit entgegengesetzter Tendenz: »Die Arbeiter werden von ihren Cottages vertrieben und gezwungen, in den Städten Beschäftigung zu suchen; – aber dann erhält man einen größeren Überschuß, und so wird das Kapital vermehrt.« ([R. B. Seeley,] »The Perils of the Nation«, 2nd ed., Lond. 1843, p. XIV.)

Im 19. Jahrhundert verlor sich natürlich selbst die Erinnerung des Zusammenhangs zwischen Ackerbauer und Gemeindeeigentum. Von späterer Zeit gar nicht zu reden, welchen Farthing Ersatz erhielt das Landvolk jemals für die 3 511 770 Acres Gemeindeland, die ihm zwischen 1810 und 1831 geraubt und parlamentarisch den Landlords von den Landlords geschenkt wurden?

Der letzte große Expropriationsprozeß der Ackerbauer von Grund und Boden endlich ist das sog. Clearing of Estates (Lichten der Güter, in der Tat Wegfegung der Menschen von denselben). Alle bisher betrachteten englischen Methoden kulminierten im »Lichten«. Wie man bei der Schilderung des modernen Zustands im vorigen Abschnitt sah, geht es jetzt, wo keine unabhängigen Bauern mehr wegzufegen sind, bis zum »Lichten« der Cottages fort, so daß die Ackerbauarbeiter auf dem von ihnen bestellten Boden selbst nicht mehr den nötigen Raum zur eignen Behausung finden. Was aber »Clearing of Estates« im eigentlichen Sinne bedeutet, das lernen wir nur kennen im gelobten Lande der modernen Romanliteratur, in Hochschottland. Dort zeichnet sich der Vorgang aus durch seinen systematischen Charakter, durch die Größe der Stufenleiter, worauf er mit einem Schlag vollzogen wird (in Irland haben Grundherrn es dahin gebracht, mehrere Dörfer gleichzeitig wegzufegen; in Hochschottland handelt es sich um Bodenflächen von der Größe deutscher Herzogtümer) – und endlich durch die besondre Form des unterschlagenen Grundeigentums.

Die Kelten Hochschottlands bestanden aus Clans, deren jeder Eigentümer des von ihm besiedelten Bodens war. Der Repräsentant des Clans, sein Chef oder »großer Mann«, war nur Titulareigentümer dieses Bodens, ||757| ganz wie die Königin von England Titulareigentümerin des nationalen Gesamtbodens ist. Als der englischen Regierung gelungen war, die inneren Kriege dieser »großen Männer« und ihre fortwährenden Einfälle in die niederschottischen Ebenen zu unterdrücken, gaben die Clanchefs ihr altes Räuberhandwerk keineswegs auf; sie änderten nur die Form. Aus eigner Autorität verwandelten sie ihr Titular-Eigentumsrecht in Privateigentumsrecht, und da sie bei den Clanleuten auf Widerstand stießen, beschlossen sie, diese mit offner Gewalt zu vertreiben.

»Ein König von England könnte mit demselben Recht sich anmaßen, seine Untertanen in die See zu jagen«,

sagt Professor Newman.[213] Diese Revolution, welche in Schottland nach der letzten Schilderhebung des Prätendenten[22] begann, kann man in ihren ersten Phasen verfolgen bei Sir James Steuart[214] und James Anderson[215]. Im 18. Jahrhundert wurde zugleich den vom Land verjagten Gaelen die Auswanderung verboten, um sie gewaltsam nach Glasgow und andren Fabrikstädten zu treiben.[216] Als Beispiel der im 19. Jahrhundert herrschenden Methode[217] genügen hier die »Lichtungen« der

[213] »A king of England might as well claim to drive his subjects into the sea.« (F. W. Newman, l.c. p. 132.)

[214] Steuart sagte: »Die Rente dieser Länder« (er überträgt irrtümlich diese ökonomische Kategorie auf den Tribut der taksmen[23] an den Clanchef) »ist durchaus unbedeutend im Vergleich zu ihrem Umfang, aber, was die Personenzahl betrifft, welche eine Pacht erhält, wird man vielleicht finden, daß ein Stück Boden in den Hochlanden von Schottland zehnmal mehr Leute ernährt, als Land von demselben Wert in den reichsten Provinzen.« (l.c., v. I, ch. XVI, p. 104.)

[215] James Anderson, »Observations on the means of exciting a spirit of National Industry etc.«, Edinburgh 1777.

[216] 1860 wurden gewaltsam Expropriierte nach Kanada exportiert unter falschen Versprechungen. Einige flohen in die Berge und benachbarten Eilande. Sie wurden von Polizisten verfolgt, kamen zum Handgemenge mit ihnen und entkamen.

[217] »In den Hochlanden«, sagt Buchanan, der Kommentator A. Smiths, 1814, »wird der alte Eigentumszustand täglich gewaltsam umgewälzt... Der Landlord, ohne Rücksieht auf die Erbpächter« (auch dies ist hier irrig angewandte Kategorie) bietet das Land dem höchsten Bieter an, und wenn dieser ein Verbesserer (improver) ist, führt er unmittelbar ein neues Kultursystem ein. Der Boden, früher übersät mit kleinen Bauern, war im Verhältnis zu seinem Produkt bevölkert; unter dem neuen System verbesserter Kultur und vermehrter Renten wird größtmöglichstes Produkt zu möglichst geringen Kosten erhalten, und zu diesem Behufe werden die nun nutzlos gewordenen Hände entfernt... Die Auswürflinge des Heimlands suchen Subsistenz in den Fabrikstädten usw.« (David Buchanan, »Observations on etc. A. Smith's Wealth of Nations«, Edinb. 1814, vol. IV, p. 144.) »Die schottischen Großen haben Familien expropriiert, wie sie Unkraut ausroden würden, sie haben Dorfschaften und ihre Bevölkerung behandelt, wie die Indier in ihrer Rache die Höhlen wilder Bestien... Der Mensch wird verschachert für ein Schafvlies oder eine Hammelkeule, ja für weniger... Bei dem Einfall in die Nordprovinzen Chinas schlug man im Mongolenrat vor, die Einwohner auszurotten und ihr Land in Weide zu verwandeln. Diesen Vorschlag haben viele hochschottische Landlords in ihrem eignen Land gegen ihre eignen Landsleute ausgeführt.« (George Ensor, »An Inquiry concerning the Population of Nations«, Lond. 1818, p. 215, 216.)

Herzogin von Suther||758|land.[24] Diese ökonomisch geschulte Person beschloß gleich bei ihrem Regierungsantritt eine ökonomische Radikalkur vorzunehmen und die ganze Grafschaft, deren Einwohnerschaft durch frühere, ähnliche Prozesse bereits auf 15 000 zusammengeschmolzen war, in Schaftrift zu verwandeln. Von 1814 bis 1820 wurden diese 15 000 Einwohner, ungefähr 3 000 Familien, systematisch verjagt und ausgerottet. Alle ihre Dörfer wurden zerstört und niedergebrannt, alle ihre Felder in Weide verwandelt. Britische Soldaten wurden zur Exekution kommandiert und kamen zu Schlägen mit den Eingebornen. Eine alte Frau verbrannte in den Flammen der Hütte, die sie zu verlassen sich weigerte. So eignete sich diese Madame 794 000 Acres Land an, das seit undenklichen Zeiten dem Clan gehörte. Den vertriebnen Eingebornen wies sie am Seegestad ungefähr 6 000 Acres zu, 2 Acres per Familie. Die 6 000 Acres hatten bisher wüst gelegen und den Eigentümern kein Einkommen abgeworfen. Die Herzogin ging in ihrem Nobelgefühl so weit, den Acre im Durchschnitt zu 2 sh. 6 d. Rente zu verpachten an die Clanleute, die seit Jahrhunderten ihr Blut für die Familie vergossen hatten. Das ganze geraubte Clanland teilte sie in 29 große Schafpachtungen, jede bewohnt von einer einzigen Familie, meist englische Pächterknechte. Im Jahre 1825 waren die 15 000 Gaelen bereits ersetzt durch 131 000 Schafe. Der an das Seegestad geworfne Teil der Aborigines[25] suchte vom Fischfang zu leben. Sie wurden Amphibien und lebten, wie ein englischer Schriftsteller sagt, halb auf dem Land und halb auf dem Wasser und lebten mit alledem nur halb von beiden.[218] |

[218] Als die jetzige Herzogin von Sutherland die Mrs. Beecher-Stowe, Verfasserin von »Uncle Tom's Cabin«[26], mit großem Prunk in London empfing, um ihre Sympathie für die Negersklaven der amerikanischen Republik auszustellen – was sie, nebst ihren Mitaristokratinnen, wohlweise während des Bürgerkriegs[27] unterließ, wo jedes »noble« englische Herz für die Sklavenhalter schlug –, stellte ich in der »New-York Tribune« die Verhältnisse der Sutherlandschen Sklaven dar.[28] (Stellenweis ausgezogen von Carey in »The Slave Trade«, Philadelphia 1853, p. 202, 203.) Mein Artikel ward in einem schottischen Blatt abgedruckt und rief eine artige Polemik zwischen letzterem und den Sykophanten der Sutherlands hervor.

|759| Aber die braven Gaelen sollten noch schwerer ihre bergromantische Idolatrie für die »großen Männer« des Clans abbüßen. Der Fischgeruch stieg den großen Männern in die Nase. Sie witterten etwas Profitliches dahinter und verpachteten das Seegestade den großen Fischhändlern von London. Die Gaelen wurden zum zweitenmal verjagt.[219]

Endlich aber wird ein Teil der Schaftriften rückverwandelt in Jagdrevier. Man weiß, daß es keine eigentlichen Wälder in England gibt. Das Wild in den Parks der Großen ist konstitutionelles Hausvieh, fett wie Londoner Aldermen. Schottland ist daher das letzte Asyl der »noblen Passion«.

»In den Hochlanden«, sagt Somers 1848, »sind die Waldungen sehr ausgedehnt worden. Hier auf der einen Seite von Gaick habt ihr den neuen Wald von Glenfeshie und dort auf der andren Seite den neuen Wald von Ardverikie. In derselben Linie habt ihr den Bleak-Mount, eine ungeheure Wüste, neulich errichtet. Von Ost zu West, von der Nachbarschaft von Aberdeen bis zu den Klippen von Oban, habt ihr jetzt eine fortlaufende Waldlinie, während sich in andren Teilen der Hochlande die neuen Wälder von Loch Archaig, Glengarry, Glenmoriston etc. befinden... Die Verwandlung ihres Landes in Schafweide ... trieb die Gaelen auf unfruchtbarern Boden. Jetzt fängt Rotwild an, das Schaf zu ersetzen, und treibt jene in noch zermalmenderes Elend... Die Wildwaldungen[219a] und das Volk können nicht nebeneinander existieren. Eins oder das andre muß jedenfalls den Platz räumen. Laßt die Jagden in Zahl und Umfang im nächsten Vierteljahrhundert wachsen wie im vergangenen, und ihr werdet keinen Gaelen mehr auf seiner heimischen Erde finden. Diese Bewegung

[219] Interessantes über diesen Fischhandel findet man in Herrn David Urquharts »Portfolio, New Series«[29]. – Nassau W. Senior kennzeichnet in seiner oben zitierten nachgelaßnen Schrift »die Prozedur in Sutherlandshire als eine der wohltätigsten Lichtungen (clearings) seit Menschengedenken«. (l.c. [p. 282].)

[219a] Die »deer forests« (Wildwaldungen) von Schottland enthalten keinen einzigen Baum. Man treibt die Schafe weg und die Hirsche hin auf die nackten Berge und nennt das einen »deer forest«. Also nicht einmal Waldkultur!

unter den Hochlands-Eigentümern ist teils der Mode geschuldet, aristokratischem Kitzel, Jagdliebhaberei, usw., teils aber betreiben sie den Wildhandel ausschließlich mit einem Auge auf den Profit. Denn es ist Tatsache, daß ein Stück Bergland, in Jagdung angelegt, in vielen Fällen ungleich profitabler ist denn als Schaftrift. Der Liebhaber, der ein Jagdrevier sucht, beschränkt sein Angebot nur durch die Weite seiner Börse... Leiden sind über die ||760| Hochlande verhängt worden nicht minder grausam, als die Politik normännischer Könige sie über England verhing. Rotwild hat freieren Spielraum erhalten, während die Menschen in engen und engern Zirkel gehetzt wurden... Eine Freiheit des Volks nach der andren ward ihm geraubt... Und die Unterdrückung wächst noch täglich. Lichtung und Vertreibung des Volks werden von den Eigentümern als festes Prinzip verfolgt, als eine agrikole Notwendigkeit, ganz wie Bäume und Gesträuch in den Wildnissen Amerikas und Australiens weggefegt werden, und die Operation geht ihren ruhigen, geschäftsmäßigen Gang.«[220]

[220] Robert Somers, »Letters from the Highlands; or, the Famine of 1857«, Lond. 1848, p. 12–28 passim. Diese Briefe erschienen ursprünglich in der »Times«[30]. Die englischen Ökonomen erklärten natürlich die Hungersnot der Gaelen von 1847 aus ihrer – Übervölkerung. Jedenfalls »drückten« sie auf ihre Nahrungsmittel. – Das »Clearing of Estates« oder, wie es in Deutschland hieß, »Bauernlegen« machte sich hier besonders geltend nach dem Dreißigjährigen Krieg[31] und rief noch 1790 in Kursachsen Bauernaufstände[32] hervor. Es herrschte namentlich in Ostdeutschland. In den meisten Provinzen Preußens sicherte erst Friedrich II. den Bauern Eigentumsrecht. Nach der Eroberung Schlesiens zwang er die Grundherrn zur Wiederherstellung der Hütten, Scheunen usw., zur Ausstattung der Bauerngüter mit Vieh und Gerät. Er brauchte Soldaten für seine Armee und Steuerpflichtige für seinen Staatsschatz.[33] Welches angenehme Leben übrigens der Bauer unter Friedrichs Finanzunwesen und Regierungsmischmasch von Despotismus, Bürokratie und Feudalismus führte, mag man aus folgender Stelle seines Bewunderers Mirabeau ersehn: »Der Flachs stellt also einen der größten Reichtümer des Bauern in Norddeutschland dar. Zum Unglück für das Menschengeschlecht ist das nur ein Hilfsmittel gegen das Elend und kein Weg zum Wohlstand. Die direkten Steuern, die Frondienste und Zwangsdienste aller Art richten den deutschen Bauern zugrunde, zumal er auch noch indirekte Steuern bei allem, was er kauft, mitbezahlen muß ... und um seinen Ruin vollständig zu machen, wagt er seine Produkte nicht dort und so zu verkaufen, wie er will; er wagt auch nicht, das, was er braucht, bei den Kaufleuten zu

erstehen, die es ihm zu billigerem Preis liefern könnten. Alle diese Ursachen ruinieren ihn langsam, aber sicher, und ohne die Spinnerei wäre er nicht imstande, die direkten Steuern am Verfalltage zu zahlen, sie bietet ihm eine Hilfsquelle, indem sie sein Weib, seine Kinder, seine Mägde, seine Knechte und ihn selbst nützlich beschäftigt. Doch trotz dieser Hilfsquelle, welch mühseliges Leben! Im Sommer arbeitet er wie ein Sträfling beim Pflügen und bei der Ernte; um 9 Uhr legt er sich schlafen und steht um 2 Uhr auf, um mit seinen Arbeiten fertig zu werden; im Winter müßte er seine Kräfte durch eine längere Ruhe auffrischen; aber es würde ihm das Korn für Brot und Aussaat fehlen, wenn er sich der Bodenfrüchte entledigt, die er verkaufen müßte, um die Steuern zu bezahlen. Um dies Loch zu stopfen, muß er daher spinnen ... und zwar mit größter Beharrlichkeit. So geht denn der Bauer im Winter um Mitternacht oder ein Uhr zur Ruhe und steht um 5 oder 6 Uhr auf; oder aber er legt sich um 9 und steht um 2 Uhr auf und so alle Tage seines Lebens, abgesehen vom Sonntag. Dies Übermaß von Wachen und Arbeiten verbraucht den Menschen, und so kommt es, daß auf dem Lande Männer und Frauen viel früher altern als in der Stadt.« (Mirabeau, l.c., t. III, p. 212 sqq.)

Zusatz zur 2. Ausg. Im März [2.–4. Auflage: April] 1866, 18 Jahre nach der Veröffentlichung der oben zitierten Schrift von Robert Somers, hielt Professor Leone Levi einen Vortrag in der Society of Arts[34] über die Verwandlung der Schaftriften in Wildwaldungen, worin er den Fortschritt der Verwüstung in den schottischen Hochlanden schildert. Er sagt u. a.: »Entvölkerung und Verwandlung in bloße Schaftrift boten das bequemste Mittel zu einem Einkommen ohne Auslage... An der Stelle der Schaftrift ein deer forest wurde gewöhnlicher Wechsel in den Hochlanden. Die Schafe werden vertrieben durch wilde Tiere, wie man zuvor die Menschen vertrieb, um den Schafen Platz zu machen. Man kann marschieren von den Gütern des Grafen von Dalhousie in Forfarshire bis zu John o'Groats, ohne je das Waldland zu verlassen. In vielen« (dieser Waldungen) »sind der Fuchs, die wilde Katze, der Marder, der Iltis, das Wiesel und der Alpenhase eingebürgert; während das Kaninchen, das Eichhorn und die Ratte seit kurzem ihren Weg dahin gefunden haben. Ungeheure Landstriche, welche in der Statistik Schottlands als Weiden von ausnahmsweiser Fruchtbarkeit und Ausdehnung figurierten, sind jetzt von aller Kultur und Verbesserung ausgeschlossen und einzig dem Jagdpläsier weniger Personen – und dies dauert nur für eine kurze Periode während des Jahrs – gewidmet.«[35]

Der Londoner »Economist«[36] vom 2. Juni 1866 sagt: »Ein schottisches Blatt berichtet letzte Woche unter andren Neuigkeiten: ›Eine der besten Schafpachten in Sutherlandshire, wofür jüngst, beim Verfall des laufenden Pachtkontrakts, eine Jahresrente von 1200 Pfd.St. geboten ward, wird in einen deer forest verwandelt!‹ Die feudalen Instinkte betätigen sich ... wie zur Zeit, wo der normännische Erobrer ... 36 Dorfschaften zerstörte, um den New Forest zu schaffen... Zwei Millionen Acres, welche einige der fruchtbarsten Ländereien Schottlands einbegreifen, sind ganz und gar wüst gelegt. Das natürliche Gras von Glen Tilt zählte zu den nahrhaftesten der Grafschaft Perth; der deer forest von Ben Aulder war der beste Grasgrund im weiten Distrikt von Badenoch; ein Teil des Black Mount forest war das vorzüglichste schottische Weideland für schwarzgesichtige Schafe. Von der Ausdehnung des für Jagdliebhaberei wüstgelegten Grund und Bodens mag man sich eine Vorstellung bilden aus der Tatsache, daß er einen viel größeren Flä-

Der Raub der Kirchengüter, die fraudulente Veräußerung der Staatsdomänen, der Diebstahl des Gemeindeeigentums, die usurpatorische und mit rücksichtslosem Terrorismus vollzogne Verwandlung von feudalem und Claneigentum in modernes Privateigentum, es waren ebenso viele ||761| idyllische Methoden der ursprünglichen Akkumulation. Sie eroberten das Feld für die kapitalistische Agrikultur, einverleibten den Grund und Boden dem Kapital und schufen der städtischen Industrie die nötige Zufuhr von vogelfreiem Proletariat.

chenraum umfaßt als die ganze Grafschaft Perth. Den Verlust des Landes an Produktionsquellen infolge dieser gewaltsamen Verödung mag man daraus schätzen, daß der Boden des forest von Ben Aulder 15 000 Schafe nähren konnte und daß er nur $^1/_{30}$ des gesamten Jagdreviers von Schottland beträgt... All dies Jagdland ist durchaus unproduktiv ... es hätte ebensowohl in die Fluten der Nordsee versenkt werden können. Solchen improvisierten Einöden oder Wüsten sollte die starke Hand der Gesetzgebung den Garaus machen.«

3. Blutgesetzgebung gegen die Expropriierten seit Ende des 15. Jahrhunderts. Gesetze zur Herabdrückung des Arbeitslohns

Die durch Auflösung der feudalen Gefolgschaften und durch stoßweise, gewaltsame Expropriation von Grund und Boden Verjagten, dies vogelfreie Proletariat konnte unmöglich ebenso rasch von der aufkommenden Manufaktur absorbiert werden, als es auf die Welt gesetzt ward. Andrerseits ||762| konnten die plötzlich aus ihrer gewohnten Lebensbahn Herausgeschleuderten sich nicht ebenso plötzlich in die Disziplin des neuen Zustandes finden. Sie verwandelten sich massenhaft in Bettler, Räuber, Vagabunden, zum Teil aus Neigung, in den meisten Fällen durch den Zwang der Umstände. Ende des 15. und während des ganzen 16. Jahrhunderts daher in ganz Westeuropa eine Blutgesetzgebung wider Vagabundage. Die Väter der jetzigen Arbeiterklasse wurden zunächst gezüchtigt für die ihnen angetane Verwandlung in Vagabunden und Paupers. Die Gesetzgebung behandelte sie als »freiwillige« Verbrecher und unterstellte, daß es von ihrem guten Willen abhänge, in den nicht mehr existierenden alten Verhältnissen fortzuarbeiten.

In England begann jene Gesetzgebung unter Heinrich VII.

Heinrich VIII., 1530[37]: Alte und arbeitsunfähige Bettler erhalten eine Bettellizenz. Dagegen Auspeitschung und Einsperrung für handfeste Vagabunden. Sie sollen an einen Karren hinten angebunden und gegeißelt werden, bis das Blut von ihrem Körper strömt, dann einen Eid schwören, zu ihrem Geburtsplatz oder dorthin, wo sie die letzten drei Jahre gewohnt, zurückzukehren und »sich an die Arbeit zu setzen« (to put himself to labour). Welche grausame Ironie! 27 Heinrich VIII.[38] wird das vorige ||763| Statut wiederholt, aber durch neue Zusätze verschärft. Bei zweiter Ertappung auf Vagabundage soll die Auspeitschung wiederholt und das halbe Ohr abgeschnitten, bei drittem Rückfall aber der Betroffne als schwerer Verbrecher und Feind des Gemeinwesens hingerichtet werden.

Edward VI.: Ein Statut aus seinem ersten Regierungsjahr, 1547, verordnet, daß, wenn jemand zu arbeiten weigert, soll er als Sklave der Person zugeurteilt werden, die ihn als Müßiggänger denunziert hat. Der Meister soll seinen Sklaven mit Brot und Wasser nähren, schwachem Getränk und solchen Fleischabfällen, wie ihm passend dünkt. Er hat das Recht, ihn zu jeder auch noch so eklen Arbeit durch Auspeitschung und Ankettung zu treiben. Wenn sich der Sklave für 14 Tage entfernt, ist er zur Sklaverei auf Lebenszeit verurteilt und soll auf Stirn oder Backen mit dem Buchstaben S gebrandmarkt, wenn er zum drittenmal fortläuft, als Staatsverräter hingerichtet werden. Der Meister kann ihn verkaufen, vermachen, als Sklaven ausdingen, ganz wie andres bewegliches Gut und Vieh. Unternehmen die Sklaven etwas gegen die Herrschaft, so sollen sie ebenfalls hingerichtet werden. Friedensrichter sollen auf Information den Kerls nachspüren. Findet sich, daß ein Herumstreicher drei Tage gelungert hat, so soll er nach seinem Geburtsort gebracht, mit rotglühendem Eisen auf die Brust mit dem Zeichen V gebrandmarkt, und dort in Ketten auf der Straße oder zu sonstigen Diensten verwandt werden. Gibt der Vagabund einen falschen Geburtsort an, so soll er zur Strafe der lebenslängliche Sklave dieses Orts, der Einwohner oder Korporation sein und mit S gebrandmarkt werden. Alle Personen haben das Recht, den Vagabunden ihre Kinder wegzunehmen und als Lehrlinge, Jungen bis zum 24. Jahr, Mädchen bis zum 20. Jahr, zu halten. Laufen sie weg, so sollen sie bis zu diesem Alter die Sklaven der Lehrmeister sein, die sie in Ketten legen, geißeln etc. können, wie sie wollen. Jeder Meister darf einen eisernen Ring um Hals, Arme oder Beine seines Sklaven legen, damit er ihn besser kennt und seiner sicherer ist.[221] Der letzte Teil dieses Statuts sieht vor, daß gewisse Arme von dem Ort oder den Individuen beschäftigt werden sollen, die ihnen zu essen und zu trinken geben und Arbeit für sie finden wollen. Diese Sorte Pfarreisklaven hat sich bis tief ins 19. Jahrhundert in England erhalten unter dem Namen roundsmen (Umgeher).|

[221] Der Verfasser des »Essay on Trade etc.«, 1770, bemerkt: »Unter der Regierung Edwards VI. scheinen sich die Engländer in der Tat mit vollem Ernst auf Encouragierung der Manufakturen und Beschäftigung der Armen verlegt zu haben. Dies ersehn wir aus einem merkwürdigen Statut, worin es heißt, daß alle Vagabunden gebrandmarkt werden sollen« usw. ([J. Cunningham] l.c. p. 5.)

|764| Elisabeth, 1572: Bettler ohne Lizenz und über 14 Jahre alt sollen hart gepeitscht und am linken Ohrlappen gebrandmarkt werden, falls sie keiner für zwei Jahre in Dienst nehmen will; im Wiederholungsfall, wenn über 18 Jahre alt, sollen sie – hingerichtet werden, falls sie niemand für zwei Jahre in Dienst nehmen will, bei dritter Rezidive aber ohne Gnade als Staatsverräter hingerichtet werden. Ähnliche Statute: 18 Elisabeth c. 13 und 1597.[221a]

Jakob I.: Eine herumwandernde und bettelnde Person wird für einen Landstreicher und Vagabunden erklärt. Die Friedensrichter in den Petty

[221a] Thomas Morus sagt in seiner »Utopia« [p. 41, 42]: »So geschieht's, daß ein gieriger und unersättlicher Vielfraß, die wahre Pest seines Geburtslandes, Tausende von Acres Land zusammenpacken und innerhalb einer Umpfählung oder einer Hecke einzäunen, oder durch Gewalt und Unbill ihre Eigner so abhetzen kann, daß sie gezwungen sind, alles zu verkaufen. Durch ein Mittel oder das andre, es mag biegen oder brechen, werden sie genötigt fortzutrollen – arme, einfältige, elende Seelen! Männer, Weiber, Gatten, Frauen, vaterlose Kinder, Witwen, jammernde Mütter mit ihren Säuglingen und der ganze Haushalt, gering an Mitteln und zahlreich an Köpfen, da der Ackerbau vieler Hände bedurfte. Weg schleppen sie sich, sage ich, aus der bekannten und gewohnten Heimstätte, ohne einen Ruheplatz zu finden; der Verkauf von all ihrem Hausgerät, obgleich von keinem großen Wert, würde unter andren Umständen einen gewissen Erlös geben; aber plötzlich an die Luft gesetzt, müssen sie ihn zu Spottpreisen losschlagen. Und wenn sie umhergeirrt, bis der letzte Heller verzehrt ist, was anders können sie tun außer stehlen und dann, bei Gott, in aller Form Rechtens gehangen werden, oder auf den Bettel ausgehn? Und auch dann werden sie ins Gefängnis geschmissen, als Vagabunden, weil sie sich herumtreiben und nicht arbeiten; sie, die kein Mensch an die Arbeit setzen will, sie müssen sich noch so eifrig dazu erbieten.« Von diesen armen Flüchtlingen, von denen Thomas Morus sagt, daß man sie zum Diebstahl zwang, »wurden 72 000 große und kleine Diebe hingerichtet unter der Regierung Heinrich des Achten«. (Holinshed, »Description of England«, v. I., p. 186.) Zu Elisabeths Zeiten wurden »Landstreicher reihenweise aufgeknüpft, indes verstrich gewöhnlich kein Jahr, worin nicht 300 oder 400 an einem Platz oder dem andren dem Galgen anheimfielen«. (Strype, »Annals of the Reformation and Establishment of Religion, and other Various Occurences in the Church of England during Queen Elisabeth's Happy Reign«, 2nd ed. 1725, vol. II.) Nach demselben Strype wurden in Somersetshire in einem einzigen Jahr 40 Personen hingerichtet, 35 gebrandmarkt, 37 ausgepeitscht und 183 »verzweifelte Bösewichter« freigegeben. Dennoch, sagt er, »schließt diese große Zahl der Angeklagten nicht 1/5 der peinlichen Verbrechen ein, dank der Fahrlässigkeit der Friedensrichter und dem albernen Mitleid des Volkes«. Er fügt hinzu: »Die andren Grafschaften in England waren in keiner beßren Lage als Somersetshire und viele selbst in einer schlechteren.«

Sessions[39] sind bevollmächtigt, sie öffentlich auspeitschen zu lassen und bei erster Ertappung 6 Monate, bei zweiter 2 Jahre ins Gefängnis zu sperren. ||765| Während des Gefängnisses soll sie so oft und soviel gepeitscht werden, als die Friedensrichter für gut halten ... Die unverbesserlichen und gefährlichen Landstreicher sollen auf der linken Schulter mit R[40] gebrandmarkt und an die Zwangsarbeit gesetzt, und wenn man sie wieder auf dem Bettel ertappt, ohne Gnade hingerichtet werden. Diese Anordnungen, gesetzlich bis in die erste Zeit des 18. Jahrhunderts, wurden erst aufgehoben durch 12 Anna c. 23.[41]

Ähnliche Gesetze in Frankreich, wo sich Mitte des 17. Jahrhunderts ein Vagabundenkönigreich (royaume des truands) zu Paris etabliert hatte. Noch in der ersten Zeit Ludwigs XVI. (Ordonnanz vom 13. Juli 1777) sollte jeder gesund gebaute Mensch vom 16. bis 60. Jahr, wenn ohne Existenzmittel und Ausübung einer Profession, auf die Galeeren geschickt werden. Ähnlich das Statut Karls V. für die Niederlande vom Oktober 1537, das erste Edikt der Staaten und Städte von Holland vom 19. März 1614, das Plakat der Vereinigten Provinzen vom 25. Juni 1649 usw.[42]

So wurde das von Grund und Boden gewaltsam expropriierte, verjagte und zum Vagabunden gemachte Landvolk durch grotesk-terroristische Gesetze in eine dem System der Lohnarbeit notwendige Disziplin hineingepeitscht, -gebrandmarkt, -gefoltert.[43]

Es ist nicht genug, daß die Arbeitsbedingungen auf den einen Pol als Kapital treten und auf den andren Pol Menschen, welche nichts zu verkaufen haben als ihre Arbeitskraft. Es genügt auch nicht, sie zu zwingen, sich freiwillig zu verkaufen. Im Fortgang der kapitalistischen Produktion entwickelt sich eine Arbeiterklasse, die aus Erziehung, Tradition, Gewohnheit die Anforderungen jener Produktionsweise als selbstverständliche Naturgesetze anerkennt. Die Organisation des ausgebildeten kapitalistischen Produktionsprozesses bricht jeden Widerstand, die beständige Erzeugung einer relativen Übervölkerung hält das Gesetz der Zufuhr von und Nachfrage nach Arbeit und daher den Arbeitslohn in einem den Verwertungsbedürfnissen des Kapitals entsprechenden

Gleise, der stumme Zwang der ökonomischen Verhältnisse besiegelt die Herrschaft des Kapitalisten über den Arbeiter. Außerökonomische, unmittelbare Gewalt wird zwar immer noch angewandt, aber nur ausnahmsweise. Für den gewöhnlichen Gang der Dinge kann der Arbeiter den »Naturgesetzen der Produktion« überlassen bleiben, d. h. seiner aus den Produktionsbedingungen selbst entspringenden, durch sie garantierten und verewigten Abhängigkeit vom Kapital. Anders während der historischen Genesis der kapitalistischen Produktion. Die aufkommende Bourgeoisie braucht und verwendet die Staatsgewalt, um den Arbeitslohn zu »regulieren«, d. h. innerhalb der ||766| Plusmacherei zusagender Schranken zu zwängen, um den Arbeitstag zu verlängern und den Arbeiter selbst in normalem Abhängigkeitsgrad zu erhalten. Es ist dies ein wesentliches Moment der sog. ursprünglichen Akkumulation.

Die Klasse der Lohnarbeiter, die in der letzten Hälfte des 14. Jahrhunderts entstand, bildete damals und im folgenden Jahrhundert nur einen sehr geringen Volksbestandteil, der in seiner Stellung stark beschützt war durch die selbständige Bauernwirtschaft auf dem Land und die Zunftorganisation der Stadt. In Land und Stadt standen sich Meister und Arbeiter sozial nahe. Die Unterordnung der Arbeit unter das Kapital war nur formell, d. h. die Produktionsweise selbst besaß noch keinen spezifisch kapitalistischen Charakter. Das variable Element des Kapitals wog sehr vor über sein konstantes. Die Nachfrage nach Lohnarbeit wuchs daher rasch mit jeder Akkumulation des Kapitals, während die Zufuhr von Lohnarbeit nur langsam nachfolgte. Ein großer Teil des nationalen Produkts, später in Akkumulationsfonds des Kapitals verwandelt, ging damals noch ein in den Konsumtionsfonds des Arbeiters.

Die Gesetzgebung über die Lohnarbeit, von Haus aus auf Exploitation des Arbeiters gemünzt und ihm in ihrem Fortgang stets gleich feindlich[222], wird in England eröffnet durch das Statute of Labourers[1] Edwards III., 1349.

[222] »Wann immer die Gesetzgebung versucht, die Differenzen zwischen Unternehmern und ihren Arbeitern zu regeln, sind ihre Ratgeber immer die Unternehmer«, sagt A. Smith.[44] »Der Geist der Gesetze ist das Eigentum«, sagt Linguet.[45]

[1] Arbeiterstatut

Ihm entspricht in Frankreich die Ordonnanz von 1350, erlassen im Namen des Königs Jean. Die englische und französische Gesetzgebung laufen parallel und sind dem Inhalt nach identisch. Soweit die Arbeiterstatuten Verlängerung des Arbeitstags zu erzwingen suchen, komme ich nicht auf sie zurück, da dieser Punkt früher (8. Kapitel, 5)[46] erörtert.

Das Statute of Labourers wurde erlassen auf dringende Klage des Hauses der Gemeinen.

> »Früher«, sagt naiv ein Tory, »verlangten die Armen so hohen Arbeitslohn, daß sie Industrie und Reichtum bedrohten. Jetzt ist ihr Lohn so niedrig, daß er ebenfalls Industrie und Reichtum bedroht, aber anders und vielleicht gefährlicher als damals.«[223] |

|767| Ein gesetzlicher Lohntarif ward festgesetzt für Stadt und Land, für Stückwerk und Tagwerk. Die ländlichen Arbeiter sollen sich aufs Jahr, die städtischen »auf offnem Markt« verdingen. Es wird bei Gefängnisstrafe untersagt, höheren als den statutarischen Lohn zu zahlen, aber der Empfang höheren Lohns wird stärker bestraft als seine Zahlung. So wird auch noch in Sect. 18 und 19 des Lehrlingsstatuts von Elisabeth[47] zehntägige Gefängnisstrafe über den verhängt, der höheren Lohn zahlt, dagegen einundzwanzigtägige Gefängnisstrafe über den, der ihn nimmt. Ein Statut von 1360 verschärfte die Strafen und ermächtigte den Meister sogar, durch körperlichen Zwang Arbeit zum gesetzlichen Lohntarif zu erpressen. Alle Kombinationen, Verträge, Eide usw., wodurch sich Maurer und Zimmerleute wechselseitig banden, werden für null und nichtig erklärt. Arbeiterkoalition wird als schweres Verbrechen behandelt vom 14. Jahrhundert bis 1825, dem Jahr der Abschaffung der Antikoalitionsgesetze[48]. Der Geist des Arbeiterstatuts von 1349[49] und seiner Nachgeburten leuchtet hell daraus hervor, daß zwar ein Maximum des Arbeitslohns von Staats wegen diktiert wird, aber beileibe kein Minimum.

223 [J. B. Byles,] »Sophisms of Free Trade. By a Barrister«, Lond. 1850, p. 206. Er setzt maliziös hinzu: »Wir waren stets bei der Hand, für den Anwender einzuschreiten. Kann nichts geschehn für den Angewandten?«

Im 16. Jahrhundert hatte sich, wie man weiß, die Lage der Arbeiter sehr verschlechtert. Der Geldlohn stieg, aber nicht im Verhältnis zur Depreziation des Geldes und dem entsprechenden Steigen der Warenpreise. Der Lohn fiel also in der Tat. Dennoch dauerten die Gesetze zum Behuf seiner Herabdrückung fort zugleich mit dem Ohrenabschneiden und Brandmarken derjenigen, »die niemand in Dienst nehmen wollte«. Durch das Lehrlingsstatut 5 Elisabeth c. 3 wurden die Friedensrichter[50] ermächtigt, gewisse Löhne festzusetzen und nach Jahreszeiten und Warenpreisen zu modifizieren. Jakob I. dehnte diese Arbeitsregulation auch auf Weber, Spinner und alle möglichen Arbeiterkategorien aus[224], Georg II. die Gesetze gegen Arbeiterkoalition auf alle Manufakturen. |

|768| In der eigentlichen Manufakturperiode war die kapitalistische Produktionsweise hinreichend erstarkt, um gesetzliche Regulation des Arbeitslohns ebenso unausführbar als überflüssig zu machen, aber man wollte für den Notfall die Waffen des alten Arsenals nicht entbehren. Noch 8 George II. verbot für Schneidergesellen in London und Umgegend mehr als 2 sh. 7 $^1/_2$ d. Taglohn, außer in Fällen allgemeiner Trauer; noch 13 George III. c. 68 überwies die Reglung des Arbeitslohns der Seidenwirker den Friedensrichtern; noch 1796 bedurfte es zweier Urteile der höheren Gerichts-

[224] Aus einer Klausel des Statuts 2 Jakob I., c. 6, ersieht man, daß gewisse Tuchmacher sich herausnahmen, den Lohntarif offiziell als Friedensrichter in ihren eignen Werkstätten zu diktieren. – In Deutschland waren namentlich nach dem Dreißigjährigen Krieg Statuten zur Niederhaltung des Arbeitslohns häufig. »Sehr lästig war den Gutsherrn in dem menschenleeren Boden der Mangel an Dienstboten und Arbeitern. Allen Dorfsassen wurde verboten, Kammern an ledige Männer und Frauen zu vermieten, alle solche Inlieger sollten der Obrigkeit angezeigt und ins Gefängnis gesteckt werden, falls sie nicht Dienstboten werden wollten, auch wenn sie sich von andrer Tätigkeit erhielten, den Bauern um Taglohn säten oder gar mit Geld und Getreide handelten. (›Kaiserliche Privilegien und Sanctiones für Schlesien‹, I, 125.) Durch ein ganzes Jahrhundert wird in den Verordnungen der Landesherrn immer wieder bittre Klage geführt über das boshafte und mutwillige Gesindel, das sich in die harten Bedingungen nicht fügen, mit dem gesetzlichen Lohn nicht zufrieden sein will; dem einzelnen Gutsherrn wird verboten, mehr zu geben, als die Landschaft in einer Taxe festgesetzt hat. Und doch sind die Bedingungen des Dienstes nach dem Krieg zuweilen noch besser, als sie 100 Jahre später waren; noch erhielt das Gesinde 1652 in Schlesien zweimal in der Woche Fleisch, noch in unsrem Jahrhundert hat es ebendort Kreise gegeben, wo sie es nur dreimal im Jahr erhielten. Auch der Taglohn war nach dem Kriege höher als in den folgenden Jahrhunderten.« (G. Freytag.)[51]

höfe zur Entscheidung, ob friedensrichterliche Befehle über Arbeitslohn auch für Nichtagrikulturarbeiter gültig seien; noch 1799 bestätigte ein Parlamentsakt, daß der Lohn der Grubenarbeiter von Schottland durch ein Statut der Elisabeth und zwei schottische Akte von 1661 und 1671 reguliert sei. Wie sehr sich unterdes die Verhältnisse umgewälzt, bewies ein im englischen Unterhaus unerhörter Vorfall. Hier, wo man seit mehr als 400 Jahren Gesetze fabriziert hatte über das Maximum, welches der Arbeitslohn platterdings nicht übersteigen dürfe, schlug Whitbread 1796 für Ackerbautaglöhner ein gesetzliches Lohnminimum vor. Pitt widersetzte sich, gab aber zu, die »Lage der Armen sei grausam (cruel)«. Endlich, 1813, wurden die Gesetze über Lohnregulation abgeschafft. Sie waren eine lächerliche Anomalie, seitdem der Kapitalist die Fabrik durch seine Privatgesetzgebung regulierte und durch die Armensteuer den Lohn des Landarbeiters zum unentbehrlichen Minimum ergänzen ließ. Die Bestimmungen der Arbeiterstatute[1], über Kontrakte zwischen Meister und Lohnarbeiter, über Terminkündigungen u. dergl., welche nur eine Zivilklage gegen die kontraktbrüchigen Meister, aber Kriminalklage gegen den kontraktbrüchigen Arbeiter erlauben, stehn bis zur Stunde in voller Blüte.

Die grausamen Gesetze gegen die Koalitionen fielen 1825 vor der drohenden Haltung des Proletariats. Trotzdem fielen sie nur zum Teil. Einige schöne Überbleibsel der alten Statute verschwanden erst 1859. Endlich be||769|anspruchte der Parlamentsakt vom 29. Juni 1871 die letzten Spuren dieser Klassengesetzgebung zu beseitigen durch gesetzliche Anerkennung der Trades' Unions[52]. Aber ein Parlamentsakt vom selben Datum (An act to amend the criminal law relating to violence, threats and molestation[2]) stellte tatsächlich den vorigen Stand in neuer Form wieder her. Durch diese parlamentarische Eskamotage wurden die Mittel, deren sich die Arbeiter bedienen können bei einem Strike oder Lockout (Strike der verbündeten Fabrikanten durch gleichzeitigen Schluß ihrer Fabriken), dem gemeinen Recht entzogen und unter eine Aus-

[1] 3. und 4. Auflage: Arbeitsstatute

[2] Ein Gesetz zur Ergänzung der Kriminalgesetzgebung über Gewaltakte, Bedrohung und Belästigung

nahms-Strafgesetzgebung gestellt, deren Interpretation den Fabrikanten selbst, in ihrer Eigenschaft als Friedensrichter, anheimfiel. Zwei Jahre vorher hatten dasselbe Unterhaus und derselbe Herr Gladstone in bekannter ehrlicher Weise einen Gesetzentwurf eingebracht zur Abschaffung aller Ausnahms-Strafgesetze gegen die Arbeiterklasse.[53] Aber weiter als zur zweiten Lesung ließ man es nie kommen, und so schleppte man die Sache in die Länge, bis endlich die »große liberale Partei«[54] durch eine Allianz mit den Tories den Mut gewann, sich entschieden gegen dasselbe Proletariat zu wenden, das sie zur Herrschaft gebracht hatte. Nicht zufrieden mit diesem Verrat, erlaubte die »große liberale Partei« den im Dienst der herrschenden Klassen allzeit schweifwedelnden englischen Richtern, die verjährten Gesetze über »Konspirationen« wieder auszugraben und sie auf Arbeiterkoalitionen anzuwenden. Man sieht, nur widerwillig und unter dem Druck der Massen verzichtete das englische Parlament auf die Gesetze gegen Strikes und Trades' Unions, nachdem es selbst, fünf Jahrhunderte hindurch, mit schamlosem Egoismus die Stellung einer permanenten Trades' Union der Kapitalisten gegen die Arbeiter behauptet hatte.

Gleich im Beginn des Revolutionssturms wagte die französische Bourgeoisie das eben erst eroberte Assoziationsrecht den Arbeitern wieder zu entziehn. Durch Dekret vom 14. Juni 1791 erklärte sie alle Arbeiterkoalition für ein »Attentat auf die Freiheit und die Erklärung der Menschenrechte«, strafbar mit 500 Livres nebst einjähriger Entziehung der aktiven Bürgerrechte.[225] Dies Gesetz, welches den Konkurrenzkampf

[225] Artikel I dieses Gesetzes lautet: »Da eine der Grundlagen der französischen Verfassung in der Aufhebung aller Arten von Vereinigungen der Bürger desselben Standes und Berufs besteht, ist es verboten, sie unter irgendwelchem Vorwand oder in irgendwelchen Form wiederherzustellen.« Artikel IV erklärt, daß, wenn »Bürger, die zum selben Beruf, Gewerbe, Handwerk gehören, zusammen beratschlagen und gemeinsame Abmachungen träfen, die darauf abzielen, die Leistungen ihres Gewerbes oder ihrer Arbeit zu verweigern oder nur zu einem bestimmten Preis zu gewähren, so sind besagte Beratungen und Abmachungen ... als verfassungswidrig und als Attentate auf die Freiheit und die Menschenrechte zu erklären usw.«, also Staatsverbrechen, ganz wie in den alten Arbeiterstatuten. (»Révolutions de Paris«, Paris 1791, t. III, p. 523.)

zwischen Kapital ||770| und Arbeit staatspolizeilich innerhalb dem Kapital bequemer Schranken einzwängt, überlebte Revolutionen und Dynastiewechsel.[55] Selbst die Schreckensregierung[56] ließ es unangetastet. Es ward erst ganz neulich aus dem Code Pénal[57] gestrichen. Nichts charakteristischer als der Vorwand dieses bürgerlichen Staatsstreichs. »Obgleich«, sagt Le Chapelier, der Berichterstatter, »es wünschenswert, daß der Arbeitslohn höher steige, als er jetzt steht, damit der, der ihn empfängt, außerhalb der durch die Entbehrung der notwendigen Lebensmittel bedingten absoluten Abhängigkeit sei, welche fast die Abhängigkeit der Sklaverei ist«, dürfen dennoch die Arbeiter sich nicht über ihre Interessen verständigen, gemeinsam handeln und dadurch ihre »absolute Abhängigkeit, welche fast Sklaverei ist«, mäßigen, weil sie eben dadurch »die Freiheit ihrer ci-devant maîtres[1], der jetzigen Unternehmer«, verletzen (die Freiheit, die Arbeiter in der Sklaverei zu erhalten!) und weil eine Koalition gegen die Despotie der ehemaligen Meister der Korporationen – man rate! – eine Herstellung der durch die französische Konstitution abgeschafften Korporationen ist![226]

[226] Buchez et Roux, »Histoire Parlementaire«, t.X, p. 193–195 passim.

[1] ehemaligen Meister

4. Genesis der kapitalistischen Pächter

Nachdem wir die gewaltsame Schöpfung vogelfreier Proletarier betrachtet, die blutige Disziplin, welche sie in Lohnarbeiter verwandelt, die schmutzige Haupt- und Staatsaktion, die mit dem Exploitationsgrad der Arbeit die Akkumulation des Kapitals polizeilich steigert, fragt sich, wo kommen die Kapitalisten ursprünglich her? Denn die Expropriation des Landvolks schafft unmittelbar nur große Grundeigentümer. Was die Genesis des Pächters betrifft, so können wir sie sozusagen mit der Hand betappen, weil sie ein langsamer, über viele Jahrhunderte sich fortwälzender Prozeß ist. Die Leibeignen selbst, woneben auch freie kleine Landeigner, befanden sich in sehr verschiednen Besitzverhältnissen und wurden daher auch unter sehr verschiednen ökonomischen Bedingungen emanzipiert. |

|771| In England ist die erste Form des Pächters der selbst leibeigne Bailiff. Seine Stellung ist ähnlich der des altrömischen Villicus[58], nur in engerer Wirkungssphäre. Während der zweiten Hälfte des 14. Jahrhunderts wird er ersetzt durch einen Pächter, den der Landlord mit Samen, Vieh und Ackerwerkzeug versieht. Seine Lage ist nicht sehr verschieden von der des Bauern. Nur beutet er mehr Lohnarbeit aus. Er wird bald Metayer, Halbpächter. Er stellt einen Teil des Ackerbaukapitals, der Landlord den andren. Beide teilen das Gesamtprodukt in kontraktlich bestimmter Proportion. Diese Form verschwindet in England rasch, um der des eigentlichen Pächters Platz zu machen, welcher sein eignes Kapital durch Anwendung von Lohnarbeitern verwertet und einen Teil des Mehrprodukts, in Geld oder in natura, dem Landlord als Grundrente zahlt.

Solange, während des 15. Jahrhunderts, der unabhängige Bauer und der neben dem Lohndienst zugleich selbstwirtschaftende Ackerknecht sich selbst durch ihre Arbeit bereichern, bleiben die Umstände des Pächters und sein Produktionsfeld gleich mittelmäßig. Die Agrikulturrevolution im letzten Dritteil des 15. Jahrhunderts, die fast während des ganzen 16. Jahrhunderts (jedoch mit Ausnahme seiner letzten Dezennien) fortwährt, bereichert ihn ebenso rasch, als sie das Landvolk verarmt.[227] Die Usurpation von Gemeindeweiden usw. erlaubt ihm große Vermehrung seines Viehstands fast ohne Kosten, während ihm das Vieh reichlichere Düngungsmittel zur Bestellung des Bodens liefert.

Im 16. Jahrhundert kommt ein entscheidend wichtiges Moment hinzu. Damals waren die Pachtkontrakte lang, oft für 99 Jahre laufend. Der fortdauernde Fall im Wert der edlen Metalle und daher des Geldes trug den Pächtern goldne Früchte. Er senkte, von allen andren, früher erörterten Umständen abgesehn, den Arbeitslohn. Ein Bruchstück desselben wurde zum Pachtprofit geschlagen. Das fortwährende Steigen der Preise von Korn, Wolle, Fleisch, kurz sämtlicher Agrikulturprodukte, schwellte das Geldkapital des Pächters ohne sein Zutun, während die Grundrente, die er zu zahlen hatte, im veralteten Geldwert kontrahiert war.[228] So bereicherte er ||772| sich gleichzeitig auf Kosten seiner Lohn-

---

227 »Pächter«, sagt Harrison in seiner »Description of England«, »denen es früher schwer ward, 4 Pfd.St. Rente zu zahlen, zahlen jetzt 40, 50, 100 Pfd.St. und glauben doch ein schlechtes Geschäft gemacht zu haben, wenn sie nach Ablauf ihres Pachtkontrakts nicht 6–7 Jahre Rente zurücklegen.«[59]

228 Über den Einfluß der Depreziation des Geldes im 16. Jahrhundert auf verschiedne Klassen der Gesellschaft: »A Compendious or Briefe Examination of Certayne Ordinary Complaints of Diverse of our Countrymen in these our Days. By W. S., Gentleman«, (London 1581). Die Dialogform dieser Schrift trug dazu bei, daß man sie lange Shakespeare zuschrieb und noch 1751 unter seinem Namen neu herausgab. Ihr Verfasser ist William Stafford. An einer Stelle räsoniert der Ritter (Knight) wie folgt:
Knight: »Ihr, mein Nachbar, der Landmann, Ihr Herr Händler, und Ihr, Gevatter Kupferschmied, sowie die anderen Handwerker, Ihr wißt Euch schon ganz gut zu helfen. Denn um wieviel alle Dinge teurer sind, als sie waren, um soviel erhöht Ihr die Preise Eurer Waren und Tätigkeiten, die Ihr wieder verkauft. Aber wir haben nichts zu verkaufen, dessen Preise wir erhöhen könnten, um einen Ausgleich zu schaffen für die Dinge, die wir wieder kaufen müssen.« An einer andren Stelle fragt der Knight den Doktor: »Ich bitte Euch, was sind das für Gruppen von Leuten, die Ihr meint. Und, erstens, welche werden Eurer Meinung nach dabei keinen Verlust haben?« Doktor: »Ich meine, alle diese, die vom Kaufen und Verkaufen leben, denn teuer wie sie kaufen, verkaufen sie nachher.« Knight: »Welches ist die nächste Gruppe, die, wie Ihr sagt, dabei gewinnen wird?« Doktor: »Nun, alle, die Pachtungen oder Farmen in eigner Bearbeitung« (d. h. Bebauung) »haben, zur alten Pacht, denn da, wo sie nach der alten Rate zahlen, verkaufen sie nach der neuen – das bedeutet, daß sie für ihr Land recht wenig zahlen und alles was darauf wächst, teuer verkaufen...« Knight: »Welche Gruppe ist es, die, wie Ihr

arbeiter und seines Landlords. Kein Wunder also, wenn England Ende des 16. Jahrhunderts eine Klasse für die damaligen Verhältnisse reicher »Kapitalpächter« besaß.[229] |

sagt, einen größeren Verlust dabei haben soll, als diese Gewinn hatten?« – Doktor: »Es sind alle Adligen, Herren und alle andern, die entweder von einer festen Rente oder einem Stipendium leben, oder ihren Boden nicht selbst bearbeiten« (bebauen), »oder sich nicht mit Kaufen und Verkaufen beschäftigen.«

[229] In Frankreich wird der Régisseur, der Verwalter und Eintreiber der Leistungen an den Feudalherrn während des früheren Mittelalters, bald ein homme d'affaires [Geschäftsmann], der sich durch Erpressung, Prellerei usw. zum Kapitalisten hinaufschwindelt. Diese Régisseurs waren manchmal selbst vornehme Herrn. z. B.: »Diese Rechnung gibt Herr Jacques de Thoraisse, ritterlicher Schloßherr auf Besancon, dem Herrn, der zu Dijon Rechnung führt für den Herrn Herzog und Grafen von Burgund über die Renten, die der genannten Schloßherrschaft gehören, vom 25. Tage des Dezembers 1359 bis zum 28. Tage des Dezembers 1360.« (Alexis Monteil, »Histoire des Matériaux manuscrits etc.«, p. 234, 235.) Es zeigt sich schon hier, wie in allen Sphären des gesellschaftlichen Lebens der Löwenanteil dem Vermittler zufällt. Im ökonomischen Gebiet z. B. schöpfen Finanziers, Börsenmänner, Kaufleute, Kleinkrämer, den Rahm der Geschäfte ab; im bürgerlichen Recht pflückt der Advokat die Parteien; in der Politik bedeutet der Repräsentant mehr als die Wähler, der Minister mehr als der Souverän; in der Religion wird Gott in den Hintergrund gedrängt vom »Mittler« und dieser wiederum zurückgeschoben von den Pfaffen, die wieder unvermeidliche Vermittler sind zwischen dem guten Hirten und seinen Schafen. Wie in England, so waren in Frankreich die großen Feudalterritorien in unendlich viele kleine Wirtschaften geteilt, aber unter ungleich ungünstigeren Bedingungen für das Landvolk. Während des 14. Jahrhunderts kamen die Pachten, fermes oder terriers auf. Ihre Zahl wuchs beständig, weit über 100 000. Sie zahlten eine vom 12. bis zum 5. Teil des Produkts wechselnde Grundrente in Geld oder in natura. Die terriers waren Lehn, Hinterlehn etc. (fiefs, arrière-fiefs), je nach Wert und Umfang der Domänen, wovon manche nur wenige arpents [Morgen] zählten. Alle diese terriers besaßen Gerichtsbarkeit in irgendeinem Grad über die Bodeninsassen; es gab vier Grade. Man begreift den Druck des Landvolks unter allen diesen kleinen Tyrannen. Monteil sagt, daß es damals 160 000 Gerichte in Frankreich gab, wo heute 4 000 Tribunale (Friedensgerichte eingeschlossen) genügen.

5. Rückwirkung der agrikolen Revolution auf die Industrie. Herstellung des innern Markts für das industrielle Kapital

|773| Die stoßweise und stets erneuerte Expropriation und Verjagung des Landvolks lieferte, wie man sah, der städtischen Industrie wieder und wieder Massen ganz außerhalb der Zunftverhältnisse stehender Proletarier, ein weiser Umstand, der den alten A. Anderson (nicht zu verwechseln mit James Anderson) in seiner Handelsgeschichte an direkte Intervention der Vorsehung glauben läßt.[60] Wir müssen noch einen Augenblick bei diesem Element der ursprünglichen Akkumulation verweilen. Der Verdünnung des unabhängigen, selbstwirtschaftenden Landvolks entsprach nicht nur die Verdichtung des industriellen Proletariats, wie Geoffroy Saint-Hilaire die Verdichtung der Weltmaterie hier durch ihre Verdünnung dort erklärt.[230] Trotz der verminderten Zahl seiner Bebauer trug der Boden nach wie vor gleich viel oder mehr Produkt, weil die Revolution in den Grundeigentumsverhältnissen von verbesserten Methoden der Kultur, größerer Kooperation, Konzentration der Produktionsmittel usw. begleitet war und weil die ländlichen Lohnarbeiter nicht nur intensiver angespannt wurden,[231] sondern auch das Produktionsfeld, worauf sie für sich selbst arbeiteten, mehr und mehr zusammenschmolz. Mit dem freigesetzten Teil des Landvolks werden also auch seine frühern Nahrungsmittel freigesetzt. Sie verwandeln sich jetzt in stoffliches Element des variablen Kapitals. Der an die Luft gesetzte Bauer muß ihren Wert von seinem neuen Herrn, dem industriellen Kapitalisten, in der Form des Arbeitslohns erkaufen. Wie mit den ||774| Lebensmitteln verhielt es sich mit dem heimischen agrikolen Rohmaterial der Industrie. Es verwandelte sich in ein Element des konstanten Kapitals.

Man unterstelle z. B. einen Teil der westfälischen Bauern, die zu Friedrichs II. Zeit alle Flachs, wenn auch keine Seide spannen, gewaltsam

230 In seinen »Notions de Philosophie Naturelle«, Paris 1838.

231 Ein Punkt, den Sir James Steuart betont.[61]

expropriiert und von Grund und Boden verjagt, den andren zurückbleibenden Teil aber in Taglöhner großer Pächter verwandelt. Gleichzeitig erheben sich große Flachsspinnereien und Webereien, worin die »Freigesetzten« nun lohnarbeiten. Der Flachs sieht grad aus wie vorher. Keine Fiber an ihm ist verändert, aber eine neue soziale Seele ist ihm in den Leib gefahren. Er bildet jetzt einen Teil des konstanten Kapitals der Manufakturherrn. Früher verteilt unter eine Unmasse kleiner Produzenten, die ihn selbst bauten und in kleinen Portionen mit ihren Familien verspannen, ist er jetzt konzentriert in der Hand eines Kapitalisten, der andre für sich spinnen und weben läßt. Die in der Flachsspinnerei verausgabte Extraarbeit realisierte sich früher in Extraeinkommen zahlloser Bauernfamilien oder auch, zu Friedrichs II. Zeit, in Steuern pour le roi de Prusse[1]. Sie realisiert sich jetzt im Profit weniger Kapitalisten. Die Spindeln und Webstühle, früher verteilt über das flache Land, sind jetzt in wenig große Arbeitskasernen zusammengerückt, wie die Arbeiter, wie das Rohmaterial. Und Spindeln und Webstühle und Rohmaterial sind aus Mitteln unabhängiger Existenz für Spinner und Weber von nun an verwandelt in Mittel, sie zu kommandieren[232] und ihnen unbezahlte Arbeit auszusaugen. Den großen Manufakturen, wie den großen Pachtungen, sieht man es nicht an, daß sie aus vielen kleinen Produktionsstätten zusammengeschlagen und durch die Expropriation vieler kleinen unabhängigen Produzenten gebildet sind. Jedoch läßt sich die unbefangne Anschauung nicht beirren. Zur Zeit Mirabeaus, des Revolutionslöwen, hießen die großen Manufakturen noch manufactures réunies, zusammengeschlagne Werkstätten, wie wir von zusammengeschlagnen Äckern sprechen.

»Man sieht nur«, sagt Mirabeau, »die großen Manufakturen, wo Hunderte von Menschen unter einem Direktor arbeiten und die man

[232] »Ich werde gestatten«, sagt der Kapitalist, »daß ihr die Ehre habt, mir zu dienen, unter der Bedingung, daß ihr mir für die Mühe, die ich mir mache, euch zu kommandieren, das wenige gebt, was euch bleibt.« (J. J. Rousseau, »Discours sur l'Économie Politique«, [Genève 1760, p. 70].)

[1] für den König von Preußen

gewöhnlich vereinigte Manufakturen ||775| (manufactures réunies) nennt. Diejenigen dagegen, wo eine sehr große Anzahl Arbeiter zersplittert und jeder für seine eigne Rechnung arbeitet, werden kaum eines Blicks gewürdigt. Man stellt sie ganz in den Untergrund. Dies ist ein sehr großer Irrtum, denn sie allein bilden einen wirklich wichtigen Bestandteil des Volksreichtums... Die vereinigte Fabrik (fabrique réunie) wird einen oder zwei Unternehmer wunderbar bereichern, aber die Arbeiter sind nur besser oder schlechter bezahlte Taglöhner und nehmen in nichts am Wohlsein des Unternehmers teil. In der getrennten Fabrik (fabrique séparée) dagegen wird niemand reich, aber eine Menge Arbeiter befindet sich im Wohlstand... Die Zahl der fleißigen und wirtschaftlichen Arbeiter wird wachsen, weil sie in weiser Lebensart, in Tätigkeit ein Mittel erblicken, ihre Lage wesentlich zu verbessern, statt eine kleine Lohnerhöhung zu gewinnen, die niemals ein wichtiger Gegenstand für die Zukunft sein kann, sondern die Leute höchstens befähigt, etwas besser von der Hand in den Mund zu leben. Die getrennten individuellen Manufakturen, meist mit kleiner Landwirtschaft verbunden, sind die freien.«[233]

Die Expropriation und Verjagung eines Teils des Landvolks setzt mit den Arbeitern nicht nur ihre Lebensmittel und ihr Arbeitsmaterial für das industrielle Kapital frei, sie schafft den innern Markt.

In der Tat, die Ereignisse, die die Kleinbauern in Lohnarbeiter und ihre Lebens- und Arbeitsmittel in sachliche Elemente des Kapitals verwandeln, schaffen gleichzeitig diesem letztern seinen inneren Markt. Früher erzeugte und bearbeitete die Bauernfamilie die Lebensmittel und Rohstoffe, die sie nachher größtenteils selbst verzehrte. Diese Rohstoffe und Lebensmittel sind jetzt Waren geworden; der Großpächter verkauft sie, in den Manufakturen findet er seinen Markt. Garn, Leinwand, grobe Wol-

233 Mirabeau, l.c., t. III, p. 20–109 passim. Wenn Mirabeau die zersplitterten Werkstätten auch für ökonomischer und produktiver hält als die »vereinigten«, und in den letztren bloß künstliche Treibhauspflanzen unter der Pflege der Staatsregierungen sieht, erklärt sich das aus dem damaligen Zustand eines großen Teils der kontinentalen Manufakturen.

lenzeuge, Dinge deren Rohstoffe sich im Bereich jeder Bauernfamilie vorfanden und von ihr zum Selbstgebrauch versponnen und verweht wurden – verwandeln sich jetzt in Manufakturartikel, deren Absatzmarkt grade die Landdistrikte bilden. Die zahlreiche zerstreute Kundschaft, bisher bedingt durch eine Menge kleiner, für eigne Rechnung arbeitender Produzenten, konzentriert sich jetzt zu einem großen, vom industriellen Kapital versorgten Markt.[234] ||776| So geht Hand in Hand mit der Expropriation früher selbstwirtschaftender Bauern und ihrer Losscheidung von ihren Produktionsmitteln die Vernichtung der ländlichen Nebenindustrie, der Scheidungsprozeß von Manufaktur und Agrikultur. Und nur die Vernichtung des ländlichen Hausgewerbes kann dem innern Markt eines Landes die Ausdehnung und den festen Bestand geben, deren die kapitalistische Produktionsweise bedarf.

Jedoch bringt es die eigentliche Manufakturperiode zu keiner radikalen Umgestaltung. Man erinnert sich, daß sie sich der nationalen Produktion nur sehr stückweis bemächtigt und immer auf städtischem Handwerk und häuslich-ländlicher Nebenindustrie als breitem Hintergrund ruht. Wenn sie letztre unter einer Form, in besondren Geschäftszweigen, auf gewissen Punkten vernichtet, ruft sie dieselbe auf andren wieder hervor, weil sie derselben zur Bearbeitung des Rohmaterials bis zu einem bestimmten Grad bedarf. Sie produziert daher eine neue Klasse kleiner Landleute, welche die Bodenbestellung als Nebenzweig und die industrielle Arbeit zum Verkauf des Produkts an die Manufaktur – direkt, oder auf dem Umweg des Kaufmanns – als Hauptgeschäft treiben. Dies ist ein Grund, wenn auch nicht der Hauptgrund, eines Phänomens, welches den Forscher der englischen Geschichte zunächst verwirrt. Vom letzten Drit-

[234] »Zwanzig Pfund Wolle unauffällig in den jährlichen Kleiderbedarf einer Arbeiterfamilie verwandelt, durch ihren eignen Fleiß in den Pausen zwischen ihren anderen Arbeiten – das erregt kein Aufsehen. Aber bringt die Wolle auf den Markt, schickt sie in die Fabrik, dann zum Makler, dann zum Händler, dann habt ihr große Handelsoperationen und nominelles Kapital aufgewandt im zwanzigfachen Betrag ihres Werts… Die arbeitende Klasse wird so ausgebeutet, um eine verelendete Fabrikbevölkerung, eine Parasitenklasse von Ladenbesitzern und ein fiktives Handels-, Geld- und Finanzsystem zu erhalten.« (David Urquhart, l.c., p. 120.)

teil des 15. Jahrhunderts an findet er fortlaufende, nur in gewissen Intervallen unterbrochne Klage über die zunehmende Kapitalwirtschaft auf dem Land und die progressive Vernichtung der Bauerschaft. Andrerseits findet er stets diese Bauerschaft wieder von neuem vor, wenn auch in verminderter Zahl und unter stets verschlechterter Form.[235] Der Hauptgrund ist: England ist vorzugsweise bald Kornbauer, bald Viehzüchter, in Wechselperioden, und mit ihnen schwankt der Umfang des bäuerlichen Betriebs. Erst die große Industrie liefert mit den Maschinen die konstante Grundlage der kapitalistischen Agrikultur, expropriiert radikal die ungeheure Mehrzahl des Landvolks und vollendet die Scheidung zwischen Ackerbau und häuslich-ländlichem Gewerbe, ||777| dessen Wurzeln sie ausreißt – Spinnerei und Weberei.[236] Sie erobert daher auch erst dem industriellen Kapital den ganzen innern Markt.[237]

235 Ausnahme bildet hier Cromwells Zeit.[62] Solange die Republik währte, erhob sich die englische Volksmasse in allen Schichten aus der Degradation, wozu sie unter den Tudors gesunken war.[63]

236 Tuckett weiß, daß aus den eigentlichen Manufakturen und der Zerstörung der ländlichen oder häuslichen Manufaktur, mit Einführung der Maschinerie, die große Wollindustrie hervorgeht. (Tuckett, l.c., v. I, p. 139–144.) »Der Pflug, das Joch waren die Erfindung von Göttern und die Beschäftigung von Heroen: sind Webstuhl, Spindel und Spinnrad minder edler Abkunft? Ihr trennt das Spinnrad und den Pflug, die Spindel und das Joch, und erhaltet Fabriken und Armenhäuser, Kredit und Paniks, zwei feindliche Nationen, agrikole und kommerzielle.« (David Urquhart, l.c. p. 122.) Nun kommt aber Carey und klagt, sicher nicht mit Unrecht, England an, daß es jedes andre Land in ein bloßes Agrikulturvolk zu verwandeln strebt, dessen Fabrikant England. Er behauptet, in dieser Art sei die Türkei ruiniert worden, weil »den Eignern und Bebauern des Bodens niemals gestattet war« (von England), »sich selbst zu kräftigen durch die natürliche Allianz zwischen dem Pflug und dem Webstuhl, dem Hammer und der Egge«. (»The Slave Trade«, p. 125.) Nach ihm ist Urquhart selbst einer der Hauptagenten des Ruins der Türkei, wo er im englischen Interesse Freihandelspropaganda gemacht habe. Das Beste ist, daß Carey, nebenbei großer Russenknecht[64], durch das Protektionssystem jenen Scheidungsprozeß, den es beschleunigt, verhindern will.

237 Die philanthropischen englischen Ökonomen, wie Mill, Rogers, Goldwin Smith, Fawcett usw., und liberale Fabrikanten, wie John Bright und Kons., fragen, wie Gott den Kain nach seinem Bruder Abel[65], so den englischen Grundaristokraten, wo sind unsre Tausende von Freeholders [Freisassen] hingekommen? Aber wo seid ihr denn hergekommen? Aus der Vernichtung jener Freeholders. Warum fragt ihr nicht weiter, wo sind die unabhängigen Weber, Spinner, Handwerker hingekommen?

6. Genesis des industriellen Kapitalisten

Die Genesis des industriellen[238] Kapitalisten ging nicht in derselben allmählichen Weise vor wie die des Pächters. Zweifelsohne verwandelten sich manche kleine Zunftmeister und noch mehr selbständige kleine Handwerker oder auch Lohnarbeiter in kleine Kapitalisten und durch allmählich ausgedehntere Exploitation von Lohnarbeit und entsprechende Akkumulation in Kapitalisten sans phrase[1]. In der Kindheitsperiode der kapitalistischen Produktion ging's vielfach zu wie in der Kindheitsperiode des mittelaltrigen ||778| Städtewesens, wo die Frage, wer von den entlaufenen Leibeignen soll Meister sein und wer Diener, großenteils durch das frühere oder spätere Datum ihrer Flucht entschieden wurde. Indes entsprach der Schneckengang dieser Methode in keiner Weise den Handelsbedürfnissen des neuen Weltmarkts, welchen die großen Entdeckungen Ende des 15. Jahrhunderts[4] geschaffen hatten. Aber das Mittelalter hatte zwei verschiedne Formen des Kapitals überliefert, die in den verschiedensten ökonomischen Gesellschaftsformationen reifen und, vor der Ära der kapitalistischen Produktionsweise, als Kapital »quand même«[2] gelten – das Wucherkapital und das Kaufmannskapital.

»Gegenwärtig geht aller Reichtum der Gesellschaft erst in die Hand des Kapitalisten ... er zahlt dem Grundeigentümer die Rente, dem Arbeiter den Lohn, dem Steuer- und Zehntenkollektor ihre Ansprüche und behält einen großen, in der Tat den größten und täglich anwachsenden Teil des jährlichen Produkts der Arbeit für sich selbst. Der Kapitalist kann jetzt als der Eigner des ganzen gesellschaftlichen Reichtums in erster Hand betrachtet werden, obgleich kein Gesetz ihm das Recht auf dies Eigentum übertragen hat... Dieser Wechsel

238 Industriell hier im Gegensatz zu agrikol. Im »kategorischen« Sinn ist der Pächter ein industrieller Kapitalist so gut wie der Fabrikant.

1 hier: schlechthin

2 überhaupt

im Eigentum wurde durch das Zinsnehmen auf Kapital bewirkt ... und es ist nicht wenig merkwürdig, daß die Gesetzgeber von ganz Europa dies durch Gesetze wider den Wucher verhindern wollten... Die Macht des Kapitalisten über allen Reichtum des Landes ist eine vollständige Revolution im Eigentumsrecht, und durch welches Gesetz oder welche Reihe von Gesetzen wurde sie bewirkt?«[239]

Der Verfasser hätte sich sagen sollen, daß Revolutionen nicht durch Gesetze gemacht werden.

Das durch Wucher und Handel gebildete Geldkapital wurde durch die Feudalverfassung auf dem Land, durch die Zunftverfassung in den Städten an seiner Verwandlung in industrielles Kapital behindert.[240] Diese Schranken fielen mit der Auflösung der feudalen Gefolgschaften, mit der Expropriation und teilweisen Verjagung des Landvolks. Die neue Manufaktur ward in See-Exporthäfen errichtet oder auf Punkten des flachen Landes, außerhalb der Kontrolle des alten Städtewesens und seiner Zunftverfassung. In England daher erbitterter Kampf der corporate towns[1] gegen diese neuen industriellen Pflanzschulen. |

|779| Die Entdeckung der Gold- und Silberländer in Amerika[66], die Ausrottung, Versklavung und Vergrabung der eingebornen Bevölkerung in die Bergwerke, die beginnende Eroberung und Ausplünderung von Ostindien, die Verwandlung von Afrika in ein Geheg zur Handelsjagd auf Schwarzhäute bezeichnen die Morgenröte der kapitalistischen Produktionsära. Diese idyllischen Prozesse sind Hauptmomente der ursprünglichen Akkumulation. Auf dem Fuß folgt der Handelskrieg der europäischen Nationen, mit dem Erdrund als Schauplatz.[67] Er wird eröffnet durch den Abfall der Niederlande von Spanien[68], nimmt Riesen-

239 »The Natural and Artifical Rights of Property Contrasted«, Lond. 1832, p. 98, 99. Verfasser der anonymen Schrift: Th. Hodgskin.

240 Sogar noch 1794 schickten die kleinen Tuchmacher von Leeds eine Deputation an das Parlament zur Petition um ein Gesetz, das jedem Kaufmann verbieten sollte, Fabrikant zu werden. (Dr. Aikin, l.c.)

1 privilegierten Städte

umfang an in Englands Antijakobinerkrieg[69], spielt noch fort in den Opiumkriegen gegen China[70] usw.

Die verschiednen Momente der ursprünglichen Akkumulation verteilen sich nun, mehr oder minder in zeitlicher Reihenfolge, namentlich auf Spanien, Portugal, Holland, Frankreich und England. In England werden sie Ende des 17. Jahrhunderts systematisch zusammengefaßt im Kolonialsystem, Staatsschuldensystem, modernen Steuersystem und Protektionssystem. Diese Methoden beruhn zum Teil auf brutalster Gewalt, z. B. das Kolonialsystem. Alle aber benutzten die Staatsmacht, die konzentrierte und organisierte Gewalt der Gesellschaft, um den Verwandlungsprozeß der feudalen in die kapitalistische Produktionsweise treibhausmäßig zu fördern und die Übergänge abzukürzen. Die Gewalt ist der Geburtshelfer jeder alten Gesellschaft, die mit einer neuen schwanger geht. Sie selbst ist eine ökonomische Potenz.

Von dem christlichen Kolonialsystem sagt ein Mann, der aus dem Christentum eine Spezialität macht, W. Howitt:

> »Die Barbareien und ruchlosen Greueltaten der sog. christlichen Racen, in jeder Region der Welt und gegen jedes Volk, das sie unterjochen konnten, finden keine Parallele in irgendeiner Ära der Weltgeschichte, bei irgendeiner Race, ob noch so wild und ungebildet, mitleidlos und schamlos.«[241]

Die Geschichte der holländischen Kolonialwirtschaft – und Holland war die kapitalistische Musternation des 17. Jahrhunderts – »entrollt ein unübertreffbares Gemälde von Verrat, Bestechung, Meuchelmord und Nieder||780|tracht«[242]. Nichts charakteristischer als ihr System des Men-

[241] William Howitt, »Colonization and Christianity. A Popular History of Treatment of the Natives by the Europeans in all their Colonies«, Lond. 1838, p. 9. Über die Behandlung der Sklaven gute Kompilation bei Charles Comte, »Traité de la Législation«, 3me éd., Bruxelles 1837. Man muß dies Zeug im Detail studieren, um zu sehn, wozu der Bourgeois sich selbst und den Arbeiter macht, wo er die Welt ungeniert nach seinem Bilde modeln kann.

[242] Thomas Stamford Raffles, late Lieut. Gov. of that island, »The History of Java«, Lond. 1817. [v. II, p. CXC, CXCI.]

schendiebstahls in Celebes, um Sklaven für Java zu erhalten. Die Menschenstehler wurden zu diesem Zweck abgerichtet. Der Dieb, der Dolmetscher und der Verkäufer waren die Hauptagenten in diesem Handel, eingeborne Prinzen die Hauptverkäufer. Die weggestohlne Jugend wurde in den Geheimgefängnissen von Celebes versteckt, bis reif zur Verschickung auf die Sklavenschiffe. Ein offizieller Bericht sagt:

> »Diese eine Stadt von Makassar z. B. ist voll von geheimen Gefängnissen, eins schauderhafter als das andre, gepfropft mit Elenden, Opfern der Habsucht und Tyrannei, in Ketten gefesselt, ihren Familien gewaltsam entrissen.«

Um sich Malakkas zu bemächtigen, bestachen die Holländer den portugiesischen Gouverneur. Er ließ sie 1641 in die Stadt ein. Sie eilten sofort zu seinem Hause und meuchelmordeten ihn, um auf die Zahlung der Bestechungssumme von 21 875 Pfd. St. zu »entsagen«. Wo sie die Füße hinsetzten, folgte Verödung und Entvölkerung. Banjuwangi, eine Provinz von Java, zählte 1750 aber 80 000 Einwohner, 1811 nur noch 8 000. Das ist der doux commerce[1]!

Die Englisch-Ostindische Kompanie[71] erhielt bekanntlich, außer der politischen Herrschaft in Ostindien, das ausschließliche Monopol des Teehandels wie des chinesischen Handels überhaupt und des Gütertransports von und nach Europa. Aber die Küstenschiffahrt von Indien und zwischen den Inseln wie der Handel im Innern Indiens wurden Monopol der höhern Beamten der Kompanie. Die Monopole von Salz, Opium, Betel und andren Waren waren unerschöpfliche Minen des Reichtums. Die Beamten selbst setzten die Preise fest und schanden nach Belieben den unglücklichen Hindu. Der Generalgouverneur nahm teil an diesem Privathandel. Seine Günstlinge erhielten Kontrakte unter Bedingungen, wodurch sie, klüger als die Alchimisten, aus nichts Gold machten. Große Vermögen sprangen wie die Pilze an einem Tage auf,

[1] sanfte Handel

die ursprüngliche Akkumulation ging vonstatten ohne Vorschuß eines Schillings. Die gerichtliche Verfolgung des Warren Hastings wimmelt von solchen Beispielen. Hier ein Fall. Ein Opiumkontrakt wird einem gewissen Sullivan zugeteilt, im Augenblick seiner Abreise – in öffentlichem Auftrage – nach einem von den Opiumdistrikten ganz entlegnen Teil Indiens. Sullivan verkauft seinen Kontrakt für 40 000 Pfd.St. an einen ||781| gewissen Binn, Binn verkauft ihn denselben Tag für 60 000 Pfd.St., und der schließliche Käufer und Ausführer des Kontrakts erklärt, daß er hinterher noch einen ungeheuren Gewinn herausschlug. Nach einer dem Parlament vorgelegten Liste ließen sich die Kompanie und ihre Beamten von 1757 bis 1766 von den Indiern 6 Millionen Pfd.St. schenken! Zwischen 1769 und 1770 fabrizierten die Engländer eine Hungersnot durch den Aufkauf von allem Reis und durch Weigerung des Wiederverkaufs außer zu fabelhaften Preisen.[243]

Die Behandlung der Eingebornen war natürlich am tollsten in den nur zum Exporthandel bestimmten Pflanzungen, wie Westindien, und in den dem Raubmord preisgegebenen reichen und dichtbevölkerten Ländern, wie Mexiko und Ostindien. Jedoch auch in den eigentlichen Kolonien verleugnete sich der christliche Charakter der ursprünglichen Akkumulation nicht. Jene nüchternen Virtuosen des Protestantismus, die Puritaner Neu-Englands[72], setzten 1703 durch Beschlüsse ihrer Assembly[1] eine Prämie von 40 Pfd.St. auf jedes indianische Skalp und jede gefangne Rothaut, 1720 Prämie von 100 Pfd.St. auf jedes Skalp, 1744, nachdem Massachusetts-Bay einen gewissen Stamm zum Rebellen erklärt hatte, folgende Preise: für männliches Skalp, 12 Jahre und darüber, 100 Pfd.St. neuer Währung, für männliche Gefangne 105 Pfd.St., für gefangne Weiber und Kinder 50 Pfd.St., für Skalps von Weibern und Kindern 50 Pfd.St.! Einige Dezennien später rächte sich das Kolonialsystem an der unterdes aufrührerisch gewordnen Nachkommenschaft der

[243] Im Jahr 1866 starben in der einzigen Provinz Orissa mehr als eine Million Hindus am Hungertod. Nichtsdestoweniger suchte man die indische Staatskasse zu bereichern durch die Preise, wozu man den Verhungernden Lebensmittel abließ.

[1] ihres Parlaments

frommen pilgrim fathers[73]. Unter englischem Antrieb und Sold wurden sie tomahawked. Das britische Parlament erklärte Bluthunde und Skalpieren für »Mittel, welche Gott und die Natur in seine Hand gegeben«.

Das Kolonialsystem reifte treibhausmäßig Handel und Schiffahrt. Die »Gesellschaften Monopolia« (Luther)[74] waren gewaltige Hebel der Kapital-Konzentration. Den aufschießenden Manufakturen sicherte die Kolonie Absatzmarkt und eine durch das Marktmonopol potenzierte Akkumulation. Der außerhalb Europa direkt durch Plünderung, Versklavung und Raubmord erbeutete Schatz floß ins Mutterland zurück und verwandelte sich hier in Kapital. Holland, welches das Kolonialsystem zuerst völlig entwickelte, stand schon 1648 im Brennpunkt seiner Handelsgröße. Es war

> »in fast ausschließlichem Besitz des Westindischen Handels und des Verkehrs zwischen dem europäischen Südwesten und Nordosten. Seine Fischereien, Seewesen, Manufak||782|turen übertrafen die eines jeden andren Landes. Die Kapitalien der Republik waren vielleicht bedeutender als die des übrigen Europa insgesamt.«[75]

Gülich vergißt hinzuzusetzen: Hollands Volksmasse war schon 1648 mehr überarbeitet, verarmter und brutaler unterdrückt als die des übrigen Europas insgesamt.

Heutzutage führt industrielle Suprematie die Handelssuprematie mit sich. In der eigentlichen Manufakturperiode dagegen ist es die Handelssuprematie, die die industrielle Vorherrschaft gibt. Daher die vorwiegende Rolle, die das Kolonialsystem damals spielte. Es war »der fremde Gott«, der sich neben die alten Götzen Europas auf den Altar stellte und sie eines schönen Tages mit einem Schub und Bautz sämtlich über den Haufen warf.[76] Es proklamierte die Plusmacherei als letzten und einzigen Zweck der Menschheit.

Das System des öffentlichen Kredits, d. h. der Staatsschulden, dessen Ursprünge wir in Genua und Venedig schon im Mittelalter entdecken, nahm Besitz von ganz Europa während der Manufakturperiode. Das

Kolonialsystem mit seinem Seehandel und seinen Handelskriegen diente ihm als Treibhaus. So setzte es sich zuerst in Holland fest. Die Staatsschuld, d. h. die Veräußerung des Staats – ob despotisch, konstitutionell oder republikanisch – drückt der kapitalistischen Ära ihren Stempel auf. Der einzige Teil des sogenannten Nationalreichtums, der wirklich in den Gesamtbesitz der modernen Völker eingeht, ist – ihre Staatsschuld.[243a] Daher ganz konsequent die moderne Doktrin, daß ein Volk um so reicher wird, je tiefer es sich verschuldet. Der öffentliche Kredit wird zum Credo des Kapitals. Und mit dem Entstehen der Staatsverschuldung tritt an die Stelle der Sünde gegen den heiligen Geist[77], für die keine Verzeihung ist, der Treubruch an der Staatsschuld.

Die öffentliche Schuld wird einer der energischsten Hebel der ursprünglichen Akkumulation. Wie mit dem Schlag der Wünschelrute begabt sie das unproduktive Geld mit Zeugungskraft und verwandelt es so in Kapital, ohne daß es dazu nötig hätte, sich der von industrieller und selbst wucherischer Anlage unzertrennlichen Mühwaltung und Gefahr auszusetzen. Die Staatsgläubiger geben in Wirklichkeit nichts, denn die geliehene Summe wird in öffentliche leicht übertragbare Schuldscheine verwandelt, die in ||783| ihren Händen fortfungieren, ganz als wären sie ebensoviel Bargeld. Aber auch abgesehn von der so geschaffnen Klasse müßiger Rentner und von dem improvisierten Reichtum der zwischen Regierung und Nation die Mittler spielenden Finanziers – wie auch von dem der Steuerpächter, Kaufleute, Privatfabrikanten, denen ein gut Stück jeder Staatsanleihe den Dienst eines vom Himmel gefallenen Kapitals leistet – hat die Staatsschuld die Aktiengesellschaften, den Handel mit negoziablen Effekten aller Art, die Agiotage emporgebracht, in einem Wort: das Börsenspiel und die moderne Bankokratie.

Von ihrer Geburt an waren die mit nationalen Titeln aufgestutzten großen Banken nur Gesellschaften von Privatspekulanten, die sich den

[243a] William Cobbett bemerkt, daß in England alle öffentlichen Anstalten als »königliche« bezeichnet werden, zum Ersatz dafür gab es jedoch die »National«-Schuld (national debt).[78]

Regierungen an die Seite stellten und, dank den erhaltnen Privilegien, ihnen Geld vorzuschießen imstande waren. Daher hat die Akkumulation der Staatsschuld keinen unfehlbareren Gradmesser als das sukzessive Steigen der Aktien dieser Banken, deren volle Entfaltung von der Gründung der Bank von England datiert (1694). Die Bank von England begann damit, der Regierung ihr Geld zu 8 % zu verleihen; gleichzeitig war sie vom Parlament ermächtigt, aus demselben Kapital Geld zu münzen, indem sie es dem Publikum nochmals in Form von Banknoten lieh. Sie durfte mit diesen Noten Wechsel diskontieren, Waren beleihen und edle Metalle einkaufen. Es dauerte nicht lange, so wurde dies von ihr selbst fabrizierte Kreditgeld die Münze, worin die Bank von England dem Staat Anleihen machte und für Rechnung des Staats die Zinsen der öffentlichen Schuld bezahlte. Nicht genug, daß sie mit einer Hand gab, um mit der andern mehr zurückzuempfangen; sie blieb auch, während sie empfing, ewige Gläubigerin der Nation bis zum letzten gegebnen Heller. Allmählich wurde sie der unvermeidliche Behälter der Metallschätze des Landes und das Gravitationszentrum des gesamten Handelskredits. Um dieselbe Zeit, wo man in England aufhörte, Hexen zu verbrennen, fing man dort an, Banknotenfälscher zu hängen. Welchen Effekt auf die Zeitgenossen das plötzliche Auftauchen dieser Brut von Bankokraten, Finanziers, Rentiers, Maklern, Stockjobbers und Börsenwölfen machte, beweisen die Schriften jener Zeit, z. B. Bolingbrokes[79].[243b]

Mit den Staatsschulden entstand ein internationales Kreditsystem, das häufig eine der Quellen der ursprünglichen Akkumulation bei diesem oder jenem Volk versteckt. So bilden die Gemeinheiten des venetianischen Raub||784|systems eine solche verborgne Grundlage des Kapitalreichtums von Holland, dem das verfallende Venedig große Geldsummen lieh. Ebenso verhält es sich zwischen Holland und England. Schon im Anfang des 18. Jahrhunderts sind die Manufakturen Hollands

[243b] »Wenn die Tataren heute Europa überfluteten, würde es schwerhalten, ihnen verständlich zu machen, was bei uns ein Finanzier ist.« (Montesquieu, »Esprit des lois«, t. IV, p. 33, éd. Londres 1769.)

weit überflügelt und hat es aufgehört, herrschende Handels- und Industrienation zu sein. Eins seiner Hauptgeschäfte von 1701–1776 wird daher das Ausleihen ungeheurer Kapitalien, speziell an seinen mächtigen Konkurrenten England. Ähnliches gilt heute zwischen England und den Vereinigten Staaten. Manch Kapital, das heute in den Vereinigten Staaten ohne Geburtsschein auftritt, ist erst gestern in England kapitalisiertes Kinderblut.

Da die Staatsschuld ihren Rückhalt in den Staatseinkünften hat, die die jährlichen Zins- usw. Zahlungen decken müssen, so wurde das moderne Steuersystem notwendige Ergänzung des Systems der Nationalanleihen. Die Anleihen befähigen die Regierung, außerordentliche Ausgaben zu bestreiten, ohne daß der Steuerzahler es sofort fühlt, aber sie erfordern doch für die Folge erhöhte Steuern. Andrerseits zwingt die durch Anhäufung nacheinander kontrahierter Schulden verursachte Steuererhöhung die Regierung, bei neuen außerordentlichen Ausgaben stets neue Anleihen aufzunehmen. Die moderne Fiskalität, deren Drehungsachse die Steuern auf die notwendigsten Lebensmittel (also deren Verteuerung) bilden, trägt daher in sich selbst den Keim automatischer Progression. Die Überbesteuerung ist nicht ein Zwischenfall, sondern vielmehr Prinzip. In Holland, wo dies System zuerst inauguriert, hat daher der große Patriot de Witt es in seinen Maximen gefeiert als das beste System, um den Lohnarbeiter unterwürfig, frugal, fleißig und … mit Arbeit überladen zu machen. Der zerstörende Einfluß, den es auf die Lage der Lohnarbeiter ausübt, geht uns hier jedoch weniger an als die durch es bedingte gewaltsame Expropriation des Bauern, des Handwerkers, kurz aller Bestandteile der kleinen Mittelklasse. Darüber bestehn keine zwei Meinungen, selbst nicht bei den bürgerlichen Ökonomen. Verstärkt wird seine expropriierende Wirksamkeit noch durch das Protektionssystem[80], das einer seiner integrierenden Teile ist.

Der große Anteil an der Kapitalisation des Reichtums und der Expropriation der Massen, der auf die öffentliche Schuld und das ihr entsprechende Fiskalitätssystem fällt, hat eine Menge Schriftsteller, wie Cobbett, Doubleday und andre, dahin geführt, mit Unrecht hierin die Grundursache des Elends der modernen Völker zu suchen.

Das Protektionssystem war ein Kunstmittel, Fabrikanten zu fabrizieren, unabhängige Arbeiter zu expropriieren, die nationalen Produktions- und Lebensmittel zu kapitalisieren, den Übergang aus der altertümlichen in die ||785| moderne Produktionsweise gewaltsam abzukürzen. Die europäischen Staaten rissen sich um das Patent dieser Erfindung, und einmal in den Dienst der Plusmacher eingetreten, brandschatzten sie zu jenem Behuf nicht nur das eigne Volk, indirekt durch Schutzzölle, direkt durch Exportprämien usw. In den abhängigen Nebenlanden wurde alle Industrie gewaltsam ausgerodet, wie z. B. die irische Wollmanufaktur durch England. Auf dem europäischen Kontinent ward nach Colberts Vorgang[81] der Prozeß noch sehr vereinfacht. Das ursprüngliche Kapital des Industriellen fließt hier zum Teil direkt aus dem Staatsschatz.

> »Warum«, ruft Mirabeau, »so weit die Ursache des Manufakturglanzes Sachsens vor dem Siebenjährigen Krieg suchen gehn? 180 Millionen Staatsschulden!«[244]

Kolonialsystem, Staatsschulden, Steuerwucht, Protektion, Handelskriege usw., diese Sprößlinge der eigentlichen Manufakturperiode, schwellen riesenhaft während der Kinderperiode der großen Industrie. Die Geburt der letztren wird gefeiert durch den großen herodischen Kinderraub[82]. Wie die königliche Flotte, rekrutieren sich die Fabriken vermittelst der Presse. So blasiert Sir F. M. Eden ist über die Greuel der Expropriation des Landvolks von Grund und Boden seit dem letzten Drittel des 15. Jahrhunderts bis zu seiner Zeit, dem Ende des 18. Jahrhunderts, so selbstgefällig er gratuliert zu diesem Prozeß, »notwendig«, um die kapitalistische Agrikultur und das wahre Verhältnis von Ackerland und Viehweide

244 »Pourquoi aller chercher si loin la cause de l'éclat manufacturier de la Saxe avant la guerre? Cent quatre-vingt millions de dettes faites par les souverains!« (Mirabeau, l.c., t. VI, p. 101.)

245 Eden, l.c., b. II, ch. I, p. 421.

»herzustellen«, beweist er dagegen nicht dieselbe ökonomische Einsicht in die Notwendigkeit des Kinderraubs und der Kindersklaverei für die Verwandlung des Manufakturbetriebs in den Fabrikbetrieb und die Herstellung des wahren Verhältnisses von Kapital und Arbeitskraft. Er sagt:

»Es mag vielleicht der Erwägung des Publikums wert sein, ob irgendeine Manufaktur, die zu ihrer erfolgreichen Ausführung Cottages und Workhouses von armen Kindern ausplündern muß, damit sie, truppweis sich ablösend, den größten Teil der Nacht durch abgerackert und der Ruhe beraubt werden; eine Manufaktur, die außerdem Haufen beiderlei Geschlechts, von verschiednen Altersstufen und Neigungen, so zusammenhudelt, daß die Ansteckung des Beispiels zu Verworfenheit und Liederlichkeit führen muß –, ob solch eine Manufaktur die Summe des nationalen und individuellen Glücks vermehren kann?«[245] »In Derbyshire, Nottinghamshire und besonders Lancashire«, sagt Fielden, »wurde die jüngst erfundne Maschinerie angewandt in großen ||786| Fabriken, dicht bei Strömen, fähig, das Wasserrad zu drehn. Tausende von Händen waren plötzlich erheischt an diesen Plätzen, fern von den Städten; und Lancashire namentlich, bis zu jener Zeit vergleichungsweis dünn bevölkert und unfruchtbar, bedurfte jetzt vor allem einer Population. Die kleinen und flinken Finger waren vor allem in Requisition. Sofort sprang die Gewohnheit auf, Lehrlinge (!) aus den verschiednen Pfarrei-Workhouses von London, Birmingham und sonstwo zu beziehn. Viele, viele Tausende dieser kleinen hilflosen Kreaturen, vom 7. bis zum 13. oder 14. Jahr, wurden so nach dem Norden spediert. Es war die Gewohnheit für den Meister« (d. h. den Kinderdieb), »seine Lehrlinge zu kleiden, nähren und logieren in einem Lehrlingshaus nah bei der Fabrik. Aufseher wurden bestellt, um ihre Arbeit zu überwachen. Es war das Interesse dieser Sklaventreiber, die Kinder aufs äußerste abzuarbeiten, denn ihre Zahlung stand im Verhältnis zum Produktenquantum, das aus dem Kind erpreßt werden konnte. Grausamkeit war natürliche Folge... In vielen Fabrikdistrikten, besonders Lancashires, wurden die herzzerreißendsten Torturen verübt an diesen harmlosen und freundlosen Kreaturen, die den Fabrikherrn konsigniert waren. Sie wurden zu Tod gehetzt durch Arbeitsexzesse ... sie wurden gepeitscht, gekettet und gefoltert mit dem ausgesuchtesten Raffinement von Grausamkeit; sie wurden in vielen Fällen bis auf die Knochen ausgehungert, während die Peitsche sie an der Arbeit hielt. Ja, in einigen Fällen wurden sie zum Selbstmord getrieben! ... Die schönen und romantischen Täler von Derbyshire, Nottinghamshire und Lancashire, abgeschlossen vom öffentlichen Auge, wurden grause Einöden von Tortur und – oft von Mord! ... Die Profite der Fabrikanten waren enorm. Das wetzte nur ihren Werwolfsheißhunger[83]. Sie begannen die Praxis der Nachtarbeit, d.h. nachdem sie eine Gruppe Hände durch das Tagwerk gelähmt, hielten sie eine andre Gruppe für das Nachtwerk bereit; die Tagesgruppe wanderte in die Betten, welche die Nachtgruppe grade verlassen hatte und vice versa. Es ist Volksüberlieferung in Lancashire, daß die Betten nie abkühlten.«[246] |

|787| Mit der Entwicklung der kapitalistischen Produktion während der Manufakturperiode hatte die öffentliche Meinung von Europa den letz-

[246] John Fielden, l.c. p. 5, 6. Über die ursprünglichen Infamien des Fabrikwesens vgl. Dr. Aikin (1795), l.c. p. 219, und Gisborne, »Enquiry into the duties of men«, 1795, v. II. – Da die Dampfmaschine die Fabriken von den ländlichen Wasserfällen weg in die Mitte von Städten verpflanzte, fand der »entsagungslustige« Plusmacher das Kindermaterial nun zur Hand, ohne gewaltsame Sklavenzufuhr aus den Workhouses. – Als Sir R. Peel (Vater des »Ministers der Plausibilität«) seine Bill zum Schutz der Kinder 1815 einbrachte, erklärte F. Horner (lumen [Leuchte]) des Bullion-Komitees[84] und intimer Freund Ricardos) im Unterhaus: »Es ist notorisch, daß mit den Effekten eines Bankrotteurs eine Bande, wenn er solchen Ausdruck brauchen dürfe, von Fabrikkindern zur Auktion öffentlich, als Teil des Eigentums, annonciert und losgeschlagen wurde. Vor zwei Jahren« (1813) »kam ein abscheulicher Fall vor die King's Bench[85]. Es handelte sich um eine Anzahl Knaben. Eine Pfarrei von London hatte sie einem Fabrikanten übermacht, der übertrug sie wieder auf einen andren. Sie wurden schließlich von einigen Menschenfreunden in einem Zustand absoluter Verhungerung (absolute famine) entdeckt. Ein andrer Fall, noch abscheulicher, sei zu seiner Kenntnis als Mitglied des parlamentarischen Untersuchungskomitees gebracht worden. Vor nicht vielen Jahren schlossen eine Londoner Pfarrei und ein Fabrikant von Lancashire einen Vertrag, wodurch stipuliert wurde, daß er auf je 20 gesunde Kinder einen Idioten mit in den Kauf zu nehmen habe.«

ten Rest von Schamgefühl und Gewissen eingebüßt. Die Nationen renommierten zynisch mit jeder Infamie, die ein Mittel zu Kapitalakkumulation. Man lese z. B. die naiven Handelsannalen des Biedermanns A. Anderson. Hier wird es als Triumph englischer Staatsweisheit ausposaunt, daß England im Frieden von Utrecht den Spaniern durch den Asientovertrag[86] das Privilegium abzwang, den Negerhandel, den es bisher nur zwischen Afrika und dem englischen Westindien betrieb, nun auch zwischen Afrika und dem spanischen Amerika betreiben zu dürfen. England erhielt das Recht, das spanische Amerika bis 1743 jährlich mit 4800 Negern zu versorgen. Dies gewährte zugleich einen offiziellen Deckmantel für den britischen Schmuggel. Liverpool wuchs groß auf der Basis des Sklavenhandels. Er bildet seine Methode der ursprünglichen Akkumulation. Und bis heutzutag blieb die Liverpooler »Ehrbarkeit« Pindar des Sklavenhandels[87], welcher – vgl. die zitierte Schrift des Dr. Aikin von 1795 – »den kommerziellen Unternehmungsgeist bis zur Leidenschaft steigere, famose Seeleute bilde und enormes Geld einbringe«. Liverpool beschäftigte 1730 im Sklavenhandel 15 Schiffe, 1751: 53, 1760: 74, 1770: 96 und 1792: 132.

Während sie die Kindersklaverei in England einführte, gab die Baumwollindustrie zugleich den Anstoß zur Verwandlung der früher mehr oder minder patriarchalischen Sklavenwirtschaft der Vereinigten Staaten in ein kommerzielles Exploitationssystem. Überhaupt bedurfte die verhüllte Sklaverei der Lohnarbeiter in Europa zum Piedestal die Sklaverei sans phrase[1] in der neuen Welt.[247]

Tantae molis erat[88], die »ewigen Naturgesetze« der kapitalistischen Produktionsweise zu entbinden, den Scheidungsprozeß zwischen Arbeitern und Arbeitsbedingungen zu vollziehn, auf dem einen Pol die gesellschaft||788|lichen Produktions- und Lebensmittel in Kapital zu verwandeln, auf dem Gegenpol die Volksmasse in Lohnarbeiter, in freie

[247] 1790 kamen im englischen Westindien 10 Sklaven auf 1 Freien, im französischen 14 auf 1, im holländischen 23 auf 1. (Henry Brougham, »An Inquiry into the Colonial Policy of the European Powers«, Edinb. 1803, v. II, p. 74.)

[1] ohne Hülle

»arbeitende Arme«, dies Kunstprodukt der modernen Geschichte.[248] Wenn das Geld, nach Augier, »mit natürlichen Blutflecken auf einer Backe zur Welt kommt«[249], so das Kapital von Kopf bis Zeh, aus allen Poren, blut- und schmutztriefend.[250] |

[248] Der Ausdruck »labouring poor« [»arbeitende Arme«] findet sich in den englischen Gesetzen vom Augenblick, wo die Klasse der Lohnarbeiter bemerkenswert wird. Die »labouring poor« stehn im Gegensatz, einerseits zu den »idle poor« [»müßigen Armen«], Bettlern usw., andrerseits zu den Arbeitern, die noch keine gepflückten Hühner, sondern Eigentümer ihrer Arbeitsmittel sind. Aus dem Gesetz ging der Ausdruck »labouring poor« in die politische Ökonomie über, von Culpeper, J. Child usw. bis A. Smith und Eden. Danach beurteile man die bonne foi [den guten Glauben] des »execrable political cantmonger« [»ekelhaften politischen Heuchlers«] Edmund Burke, wenn er den Ausdruck »labouring poor« für »execrable political cant« [»ekelhafte politische Heuchelei«] erklärt. Dieser Sykophant, der im Sold der englischen Oligarchie den Romantiker gegenüber der Französischen Revolution spielte, ganz wie er, im Sold der nordamerikanischen Kolonien beim Beginn der amerikanischen Wirren[89], gegenüber der englischen Oligarchie den Liberalen gespielt hatte, war durch und durch ordinärer Bourgeois: »Die Gesetze des Handels sind die Gesetze der Natur und folglich die Gesetze Gottes.« (E. Burke, l.c.[90] p. 31, 32.) Kein Wunder, daß er, den Gesetzen Gottes und der Natur getreu, stets sich selbst auf dem besten Markt verkauft hat! Man findet in des Rev. Tuckers Schriften – Tucker war Pfaff und Tory, im übrigen aber anständiger Mann und tüchtiger politischer Ökonom – sehr gute Charakteristik dieses Edmund Burke während seiner liberalen Zeit. Bei der infamen Charakterlosigkeit, die heutzutag herrscht und devotest an »die Gesetze des Handels« glaubt, ist es Pflicht, wieder und wieder die Burkes zu brandmarken, die sich von ihren Nachfolgern nur durch eins unterscheiden – Talent!

[249] Marie Augier, »Du Crédit Public«, [Paris 1842, p. 265].

[250] »Kapital«, sagt der Quarterly Reviewer, »flieht Tumult und Streit und ist ängstlicher Natur. Das ist sehr wahr, aber doch nicht die ganze Wahrheit. Das Kapital hat einen horror vor Abwesenheit von Profit oder sehr kleinem Profit, wie die Natur vor der Leere. Mit entsprechendem Profit wird Kapital kühn. Zehn Prozent sicher, und man kann es überall anwenden; 20 Prozent, es wird lebhaft; 50 Prozent, positiv waghalsig; für 100 Prozent stampft es alle menschlichen Gesetze unter seinen Fuß; 300 Prozent, und es existiert kein Verbrechen, das es nicht riskiert, selbst auf Gefahr des Galgens. Wenn Tumult und Streit Profit bringen, wird es sie beide encouragieren. Beweis: Schmuggel und Sklavenhandel.« (T. J. Dunning, l.c. p. 35, 36.)

7. Geschichtliche Tendenz der kapitalistischen Akkumulation

|789| Worauf kommt die ursprüngliche Akkumulation des Kapitals, d. h. seine historische Genesis, hinaus? Soweit sie nicht unmittelbare Verwandlung von Sklaven und Leibeignen in Lohnarbeiter, also bloßer Formwechsel ist, bedeutet sie nur die Expropriation der unmittelbaren Produzenten, d. h. die Auflösung des auf eigner Arbeit beruhenden Privateigentums.

Privateigentum, als Gegensatz zum gesellschaftlichen, kollektiven Eigentum, besteht nur da, wo die Arbeitsmittel und die äußeren Bedingungen der Arbeit Privatleuten gehören. Je nachdem aber diese Privatleute die Arbeiter oder die Nichtarbeiter sind, hat auch das Privateigentum einen andern Charakter. Die unendlichen Schattierungen, die es auf den ersten Blick darbietet, spiegeln nur die zwischen diesen beiden Extremen liegenden Zwischenzustände wider.

Das Privateigentum des Arbeiters an seinen Produktionsmitteln ist die Grundlage des Kleinbetriebs, der Kleinbetrieb eine notwendige Bedingung für die Entwicklung der gesellschaftlichen Produktion und der freien Individualität des Arbeiters selbst. Allerdings existiert diese Produktionsweise auch innerhalb der Sklaverei, Leibeigenschaft und andrer Abhängigkeitsverhältnisse. Aber sie blüht nur, schnellt nur ihre ganze Energie, erobert nur die adäquate klassische Form, wo der Arbeiter freier Privateigentümer seiner von ihm selbst gehandhabten Arbeitsbedingungen ist, der Bauer des Ackers, den er bestellt, der Handwerker des Instruments, worauf er als Virtuose spielt.

Diese Produktionsweise unterstellt Zersplitterung des Bodens und der übrigen Produktionsmittel. Wie die Konzentration der letztren, so schließt sie auch die Kooperation, Teilung der Arbeit innerhalb derselben Produktionsprozesse, gesellschaftliche Beherrschung und Reglung der Natur, freie Entwicklung der gesellschaftlichen Produktivkräfte aus. Sie ist nur verträglich mit engen naturwüchsigen Schranken der Produktion und der Gesellschaft. Sie verewigen wollen hieße, wie Pecqueur mit Recht sagt, »die allgemeine Mittelmäßigkeit dekretieren«[91]. Auf einem gewissen Höhegrad bringt sie die materiellen Mittel ihrer eignen Vernichtung zur Welt. Von diesem Augenblick regen sich Kräfte und Leidenschaften im Gesellschaftsschoße, welche sich von ihr gefesselt fühlen. Sie muß vernichtet werden, sie wird vernichtet. Ihre Vernichtung, die Verwandlung der individuellen und zersplitterten Produktionsmittel in gesellschaftlich konzentrierte, daher des zwerghaften Eigentums vieler in das massenhafte Eigentum weniger, daher die Expropriation der großen Volksmasse von Grund und Boden und ||790| Lebensmitteln und Arbeitsinstrumenten, diese furchtbare und schwierige Expropriation der Volksmasse bildet die Vorgeschichte des Kapitals. Sie umfaßt eine Reihe gewaltsamer Methoden, wovon wir nur die epochemachenden als Methoden der ursprünglichen Akkumulation des Kapitals Revue passieren ließen. Die Expropriation der unmittelbaren Produzenten wird mit schonungslosestem Vandalismus und unter dem Trieb der infamsten, schmutzigsten, kleinlichst gehässigsten Leidenschaften vollbracht. Das selbsterarbeitete, sozusagen auf Verwachsung des einzelnen, unabhängigen Arbeitsindividuums mit seinen Arbeitsbedingungen beruhende Privateigentum wird verdrängt durch das kapitalistische Privateigentum, welches auf Exploitation fremder, aber formell freier Arbeit beruht.[251]

Sobald dieser Umwandlungsprozeß nach Tiefe und Umfang die alte Gesellschaft hinreichend zersetzt hat, sobald die Arbeiter in Proletarier, ihre Arbeitsbedingungen in Kapital verwandelt sind, sobald die kapitalistische Produktionsweise auf eignen Füßen steht, gewinnt die weitere Vergesellschaftung der Arbeit und weitere Verwandlung der Erde und andrer Produktionsmittel in gesellschaftlich ausgebeutete, also gemeinschaftliche Produktionsmittel, daher die weitere Expropriation der Privateigentümer, eine neue Form. Was jetzt zu expropriieren, ist nicht länger der selbstwirtschaftende Arbeiter, sondern der viele Arbeiter exploitierende Kapitalist.

[251] »Wir befinden uns in einer Lage, die für die Gesellschaft gänzlich neu ist ... wir streben dahin, jede Art Eigentum von jeder Art Arbeit zu trennen.« (Sismondi, »Nouveaux Principes le l'Écon. Polit.«, t. II, p. 434.)

Diese Expropriation vollzieht sich durch das Spiel der immanenten Gesetze der kapitalistischen Produktion selbst, durch die Zentralisation der Kapitale. Je ein Kapitalist schlägt viele tot. Hand in Hand mit dieser Zentralisation oder der Expropriation vieler Kapitalisten durch wenige entwickelt sich die kooperative Form des Arbeitsprozesses auf stets wachsender Stufenleiter, die bewußte technische Anwendung der Wissenschaft, die planmäßige Ausbeutung der Erde, die Verwandlung der Arbeitsmittel in nur gemeinsam verwendbare Arbeitsmittel, die Ökonomisierung aller Produktionsmittel durch ihren Gebrauch als Produktionsmittel kombinierter, gesellschaftlicher Arbeit, die Verschlingung aller Völker in das Netz des Weltmarkts und damit der internationale Charakter des kapitalistischen Regimes. Mit der beständig abnehmenden Zahl der Kapitalmagnaten, welche alle Vorteile dieses Umwandlungsprozesses usurpieren und monopolisieren, wächst die Masse des Elends, des Drucks, der Knechtschaft, der Entartung, der Ausbeutung, aber auch die Empörung der stets anschwellen||791|den und durch den Mechanismus des kapitalistischen Produktionsprozesses selbst geschulten, vereinten und organisierten Arbeiterklasse. Das Kapitalmonopol wird zur Fessel der Produktionsweise, die mit und unter ihm aufgeblüht ist. Die Zentralisation der Produktionsmittel und die Vergesellschaftung der Arbeit erreichen einen Punkt, wo sie unverträglich werden mit ihrer kapitalistischen Hülle. Sie wird gesprengt. Die Stunde des kapitalistischen Privateigentums schlägt. Die Expropriateurs werden expropriiert.

Die aus der kapitalistischen Produktionsweise hervorgehende kapitalistische Aneignungsweise, daher das kapitalistische Privateigentum, ist die erste Negation des individuellen, auf eigne Arbeit gegründeten Privateigentums. Aber die kapitalistische Produktion erzeugt mit der Notwendigkeit eines Naturprozesses ihre eigne Negation. Es ist Negation der Negation. Diese stellt nicht das Privateigentum wieder her, wohl aber das individuelle Eigentum auf Grundlage der Errungenschaft der kapitalistischen Ära: der Kooperation und des Gemeinbesitzes der Erde und der durch die Arbeit selbst produzierten Produktionsmittel.

Die Verwandlung des auf eigner Arbeit der Individuen beruhenden, zersplitterten Privateigentums in kapitalistisches ist natürlich ein Prozeß, ungleich mehr langwierig, hart und schwierig als die Verwandlung des tatsächlich bereits auf gesellschaftlichem Produktionsbetrieb beruhenden kapitalistischen Eigentums in gesellschaftliches. Dort handelte es sich um die Expropriation der Volksmasse durch wenige Usurpatoren, hier handelt es sich um die Expropriation weniger Usurpatoren durch die Volksmasse.[252]

[252] »Der Fortschritt der Industrie, dessen willenloser und widerstandloser Träger die Bourgeoisie ist, setzt an die Stelle der Isolierung der Arbeiter durch die Konkurrenz ihre revolutionäre Vereinigung durch die Assoziation. Mit der Entwicklung der großen Industrie wird also unter den Füßen der Bourgeoisie die Grundlage selbst weggezogen, worauf sie produziert und die Produkte sich aneignet. Sie produziert also vor allem ihre eignen Totengräber. Ihr Untergang und der Sieg des Proletariats sind gleich unvermeidlich... Von allen Klassen, welche heutzutage der Bourgeoisie gegenüberstehn, ist nur das Proletariat eine wirklich revolutionäre Klasse. Die übrigen Klassen verkommen und gehn unter mit der großen Industrie, das Proletariat ist ihr eigenstes Produkt. Die Mittelstände, der kleine Industrielle, der kleine Kaufmann, der Handwerker, der Bauer, sie alle bekämpfen die Bourgeoisie, um ihre Existenz als Mittelstände vor dem Untergang zu sichern ... sie sind reaktionär, denn sie suchen das Rad der Geschichte zurückzudrehn.« (Karl Marx und F. Engels, »Manifest der Kommunistischen Partei«, London 1848, p. 11, 9.[92])

Anhang

Anmerkungen

1 Adolphe Thiers: De la propriété, Paris 1848, S. 36, 42 und 151. **7 | 22**

2 Goethes Gedicht ist unter dem Titel »Katechetische Induktion« in seinem Entstehungsjahr im »Wandsbecker Bothen« vom 26. Oktober 1773 veröffentlicht worden. 1815 erschien es unter dem Titel »Katechisation« in Goethes zwanzigbändiger Werkausgabe. **7 | 22**

3 Marx hat in diesem ersten Abschnitt des 24. Kapitels in der französischen Ausgabe (siehe MEGA II/7) einige Änderungen vorgenommen, die auch in die nächste deutsche Auflage übernommen werden sollten, wie er selbst anwies (siehe MEGA II/8, S. 17.16–18). Engels präzisierte in der 3. deutschen Auflage vor allem die Aussagen im letzten Absatz (siehe MEGA II/8, S. 670 und die Abbildung S. 671). Diese Änderungen standen im Zusammenhang mit Marx' Studien über Rußland. Er habe mit seiner geschichtlichen Skizze im ersten Band des »Kapitals« nur den Weg des westlichen Europas schildern wollen, »›die historische Unvermeidlichkeit dieser Bewegung‹ *ausdrücklich* auf die *Länder Westeuropas* beschränkt«. (Marx an Vera Iwanowna Sassulitsch, 8. März 1881. In: MEW, Bd. 35, S. 166–167; siehe Marx: [Brief an die Redaktion der »Otetschestwennyje Sapiski«]. In: MEW, Bd. 19, S. 107–112; Karl Marx: [Enwürfe einer Antwort auf den Brief von V. I. Sassulitsch]. In: Ebenda, S. 384–406.) **8 | 17 | 24**

4 Revolution *bis* 15. Jahrhundert – Hinweis auf die wirtschaftlichen Folgen der geographischen Entdeckungen am Ende des 15. Jahrhundert: der Entdeckung des amerikanischen Kontinents durch Christoph Columbus (1492) und der des um Afrika führenden Seewegs nach Indien durch Vasco da Gama (1497/1498). Eine Welle von Seefahrten folgte, verband sich mit der Gründung von Handelsunternehmen und der Verlagerung der Handelswege sowie mit kolonialen Eroberungen, die nahezu die ganze Erde erfaßten, wodurch die norditalienischen Handelsstädte Genua, Venedig u. a. ihre herrschende Stellung verloren. Dagegen spielten Portugal, die Nieder-

lande, Spanien und England, begünstigt durch ihre Lage zum Atlantischen Ozean, im Welthandel zunehmend die Hauptrolle. **24 | 64**

5 Die normännische Eroberung Englands fand von 1066 bis 1073 unter Wilhelm dem Eroberer statt. Als König von England (1066–1887) führte er eine abgestufte Übertragung der Macht ein, die auf dem Besitz an Grund und Boden fußte. Er war der einzige und letztliche Eigentümer des ganzen, zunächst eingezogenen Landes und übertrug es als Kronlehen an seine unmittelbaren Landsleute gegen militärische und sonstige Dienste sowie gegen bestimmte Abgaben. Zusammen mit dem Grund und Boden wurden sie mit dem politischen Recht belehnt, über ihre Bauern zu herrschen, Gericht zu halten, Steuern zu erheben und Dienste zu erzwingen. **26**

6 Die Angaben entnahm Marx Frederic Morton Edens Buch »The state of the poor…«, London 1797, S. 54. Bei Eden: 793. **26**

7 James Steuart: An inquiry into the principles of political economy …; vol. 1, Dublin 1770, S. 52. **26**

8 große Feudalkriege – Hinweis auf die Rosenkriege (1455–1485), die zwei rivalisierende Geschlechter um den Thron und Staatsämter führten. Sie brachen aus, nachdem durch die Niederlage Englands im Hundertjährigen Krieg gegen Frankreich (1357–1453) die Königsmacht geschwächt war. Das Haus Lancaster, mit roter Rose im Wappen, erhielt Unterstützung von der Aristokratie der nördlichen Grafschaften, den schottischen und Waliser Grenzvasallen. Während das Haus York, mit weißer Rose im Wappen, die stärkste Hilfe aus dem Süden bekam, aus Ostanglien und London. Der schließliche Sieg dieses Hauses war ein Sieg der wirtschaftlich fortgeschritteneren Gebiete und bereitete den Boden für die spätere Tudor-Monarchie. **27**

9 William Thomas Thornton: Over-population and its remedy…, London 1846, S. 185. **27**

10 Francis Bacon: The reign of Henry VII…, London 1870, S. 307. **28**

11 Gemeint ist das 25. Regierungsjahr Heinrichs VIII. Auch im folgenden beziehen sich die Zahlen vor dem Herrschernamen auf das

Regierungsjahr und die danach aufgeführten Ziffern auf die Nummern der in dem betreffenden Jahr erlassenen Gesetze. **28**

12 Richard Price: Observations on reversionary payments…, vol. 2, London 1803, S. 157. **28**

13 Marx entnahm die Angaben dem Buch von Frederic Morton Eden: The state of the poor…, vol. 1, London 1797, S. 115 und 73. **28**

14 »Pauper ubique jacet« – »Der Arme ist überall unterjocht« – siehe Ovidus: Fasti I, 218. **30**

15 Durch den unter Charles II erlassenen sogenannten Settlement Act aus dem Jahre 1662, »Act for the better relief of the poor of this Kingdom«, dessen Ausgangspunkt das Armengesetz von Elizabeth I aus dem Jahre 1597 war, wurde die Pflicht zur Unterstützung der Armen an das Heimatrecht gebunden. In der Zeit der englischen bürgerlichen Revolution (1642–1646) und des Protektorats hatte eine gewisse Freizügigkeit für Ackerbauern, d. h. hauptsächlich für landwirtschaftliche Wanderarbeiter, geherrscht. Sie konnten ihre Arbeitsstellen wählen. Durch besagtes Gesetz war das Kirchspiel – geographischer Einzugsbreich einer Kirchgemeinde – nur zur Unterstützung derjenigen Armen verpflichtet, die in demselben Heimatrecht genossen. Als Bedingungen für den Erwerb des Heimatrechts wurden genannt: Geburt, eigene Wirtschaft, Aufenthalt, sowie Dienst- und Lehrverhältnis während eines Zeitraumes von mindestens 40 Tagen. Diejenigen, die nicht das Heimatrecht genossen, waren nicht nur im Falle ihrer Bedürftigkeit, sondern bereits bei einer wahrscheinlich absehbaren Inanspruchnahme der Armenunterstützung an ihren Heimatort zurückzuschicken. Durch diese Bestimmungen wurden die Arbeiter in der Regel an ihren Geburtsort gefesselt. Um nicht ausgewiesen zu werden, hielten sich die Wanderarbeiter, die in ein Kirchspiel kamen, die ersten 40 Tage versteckt. Deshalb wurde 1685 festgelegt, daß die 40 Tage Aufenthalt, durch welche das Heimatrecht erworben wird, erst vom Zeitpunkt der offiziellen Anmeldung an zählen. In einem weiteren Gesetz aus dem Jahre 1691 wurde bestimmt, daß die Anmeldung öffentlich in der Gemeinde

und Kirche bekanntzumachen sei, damit die Ortsansässigen Einspruch gegen die Niederlassung erheben können. Mit diesen Gesetzen wurde das Ziel verfolgt, den freien Zuzug der werktätigen Bevölkerung vom Lande in die Städte, besonders nach London, zu verhindern. Der Landarbeiter wurde faktisch in einen an die Scholle gebundenen Hörigen ohne Land verwandelt. Ein Gesetz von 1795, »An act to prevent the removal of poor persons, until they become actually chargeable«, bestimmte, daß sich der Arme solange in der Gemeinde aufhalten durfte, bis er ihr zur Last fiel. (Siehe Adam Smith: Recherches..., t. I, Paris 1802, S. 283–299.) **32**

16 mutatis mutandis – mit den entsprechenden Unterschieden. **32**

17 Unter der Herrschaft des russischen Zaren Fjodor Iwanowitsch (1584–1598), der tatsächliche Regent war jedoch Boris Godunow, wurde am 24. November 1597 ein Edikt erlassen, demzufolge Bauern, die dem unerträglichen Joch und den Schikanen der Gutsbesitzer entflohen, fünf Jahre lang gesucht und zwangsweise zu ihrem früheren Herren zurückgebracht werden konnten. Das Edikt diente dem Ziel, die Leibeigenschaft weiter auszudehnen und die relative Freiheit der Bauern einzuschränken. **32**

18 Die glorreiche Revolution (1688) ging als Staatsstreich vonstatten, durch den Jakob II. von England von seiner Tochter Maria II. und ihrem Ehemann Wilhelm von Oranien abgelöst und die konstitutionelle Monarchie gefestigt wurde. Die von ihnen erlassenen Gesetze waren ein Kompromiß zwischen dem Grundbesitzeradel, dem gewisse Privilegien erhalten blieben, und kapitalistischem Neuadel sowie der Bourgeoisie, deren Grundinteressen anerkannt wurden. Es entstanden die institutionellen Voraussetzungen und Sicherungen, unter denen sich der Kapitalismus weiter entfalten konnte. **33**

19 republikanische Revolution – gemeint ist die englische bürgerliche Revolution (1642–1646), in deren Ergebnis es 1649 zur Errichtung der Republik kam. **33**

20 Marx bezieht sich hier auf sein Exzerptheft »Beiheft B«, das er im Mai 1863 angelegt hatte und dem er die folgenden Zitate entnahm.

Dazu gehören u. a. die Schriften von John Arbuthnot, Nathaniel Forster, Richard Price und Thomas Wright. **35**

21 licinische Gesetze – gemeint sind die als »Leges Liciniae Sextaiae« bekannten Regelungen. Sie erleichterten die Schuldenrückzahlung, begrenzten den Privatbesitz an römischem Staatsland (ager publicus) auf 500 ingera (ca. 125 ha) und stärkten die politische Position der Plebejer. Ob sie 367/366 v. u. Z. von den Volkstribunen Gaius Licinius Stolo und Lucius Sextius Lateranus beantragt wurden, ist ebenso umstritten wie die Datierung. Marx bezieht sich hier wahrscheinlich auf Ausführungen Appianos zu diesen Gesetzen auf S. 886 der Übersetzung von Ferdinand Dillenius, wo es in einer Fußnote dazu u. a. heißt: »Namentlich des *Cajus Licinius Stolo,* vergl. Liv. VI, 35. von welchem das Gesetz *Lex Licinia* heißt. Es geschah dieß im vierten Jahrhundert Roms.« **37**

22 letzte Schilderhebung des Prätendenten – Anspielung auf den Waffengang eines Teil des schottischen Adels im Hochland, der Anhänger des Stuart-Königs Jakob II., die die Einsetzung des Prätendenten Charles Edward Stuart (1720–1788) als König von England erzwingen wollten. Die Jakobiten nutzten die tiefe Unzufriedenheit unter den Hochländern aus, die von der englisch-schottischen Landaristokratie und Bourgeoisie unterdrückt sowie von Grund und Boden vertrieben wurden. Eine 4500 Mann starke Armee der Hochländer unter Charles Edward entfesselte im Herbst 1745 einen Aufstand. Englische Truppen schlugen ihn im Juli 1746 mit rücksichtsloser Strenge nieder, richteten ein Massaker an. Ihren Heerführer, Prinz Wilhelm August, Herzog von Cumberland, nannte man deshalb auch »Schlächter«. Der Niederschlagung folgte die systematische Vernichtung des schottischen Clansystems. (Siehe Engels an Nikolai Franzewitsch Danielson, 10. Juni 1890. In: MEW, Bd. 37, S. 415.) **40**

23 Taksmen wurden zur Zeit des Clansystems in Schottland die Ältesten oder Untersassen genannt, die dem Clanchef oder Laird (dem »großen Manne«) unmittelbar untergeben waren. Der Laird verteilte Land (tak) an die Taksmen, es blieb jedoch Eigentum des ganzen Clans.

Dem Laird wurde ein geringer Tribut entrichtet und damit seine Oberherrschaft anerkannt. Den Taksmen wiederum waren niedrigere Amtsleute unterstellt, die an der Spitze je eines Weilers standen, und diesen war die Bauernschaft untergeordnet. Mit dem Zerfall des Clansystems verwandelte sich der Laird in den Gutsherrn, und die Taksmen wurden ihrem Wesen nach kapitalistische Pächter; und an die Stelle des früheren Tributs trat die Grundrente. (Siehe Engels an Nikolai Franzewitsch Danielson, 10. Juni 1890. In: MEW, Bd. 37, S. 415) **40**

24 Die folgenden Tatsachen stammen aus Sismondis Schrift »Études sur l'économie politique«, T.1, Bruxelles 1837, S. 152–154. Eine Passage bezieht sich auf Robert Somers' Buch »Letters form the Highlands ...«, London, Edinburgh, Glasgow 1848, S. 84; weitere ebenda, S. 12, 25/26 und 28. Somers erwähnt im Vorwort zu seinem Buch, daß die Briefe in der »North British Daily Mail« veröffentlicht wurden. – Siehe auch Marx' Korrespondenz »Wahlen – Trübe Finanzlage – Die Herzogin von Sutherland und die Sklaverei«, die im Januar 1853 entstand (MEW, Bd. 8, S. 499–505; Marx an Engels, 14. Juni 1853. In: MEW, Bd. 28, S. 266). **41**

25 Aborigines – das Wort aborigine (lateinisch ab origine »von Beginn an«) bedeutet im Englischen Ureinwohner; es war ursprünglich die Bezeichnung für die Ureinwohner im Latium, einer Landschaft im frühen Italien. Marx meint hier das von der Herzogin von Sutherland vertriebene schottisch-gälischen Volk (siehe Anm. 23). **41**

26 Das Buch von Harriet Beecher-Stowe erschien 1851/1852 in Fortsetzungen. Von der folgenden Buchausgabe (1852) wurden im ersten Jahr 300 000 Exemplare verkauft. In England erschienen 1852 zwölf verschiedene Ausgaben. In Anbetracht der außerordentlichen Wirkung des Werkes wurde die Autorin im April des gleichen Jahres von Harriet Elizabeth Georgiana, Duchess of Sutherland und ihren Anhängern empfangen. – Siehe Karl Marx: Die amerikanische Frage in England. In: MEW, Bd. 15, S. 304–313. In Großbritannien galt die Sklaverei durch das »Slavery Abolition Act« vom 1. August 1834 als abgeschafft. **41**

27 Während des Amerikanischen Bürgerkriegs (1861–1865) sympathisierte die britische Regierung und Bourgeoisie mit den Plantagensklaverei betreibenden Südstaaten. Die Blockade der Südstaaten durch die Flotte des Nordens führte zur Einstellung der Baumwolllieferungen, und ein großer Teil der englischen Baumwollindustrie wurde lahmgelegt. Trotz Arbeitslosigkeit und elender Lage der englischen Arbeiter entwickelte sich aus ihren Reihen eine Massenbewegung, die gegen eine Einmischung der britischen Regierung zugunsten der Südstaaten auftrat und eine europäische Intervention verhinderte. **41**

28 Die »New-York Tribune« erschien von 1841 bis 1924. Sie war von Horace Greeley gegründet worden und galt bis in die 1850er Jahre als Organ des linken Flügels der amerikanischen Whigs, danach als Organ der Republikanischen Partei. Marx war Korrespondent dieser Zeitung von August 1851 bis März 1862 und veröffentlichte darin mehr als 465 Artikel, davon 206 Leitartikel. Siehe Karl Marx: Wahlen – Trübe Finanzlage – die Herzogin von Sutherland und die Sklaverei. In: MEW, Bd. 8, S. 499–505. **41**

29 The Highlands of Scotland. In: The Portfolio. Diplomatic Review, [New ser.] Nr. 15, 1. Oktober, London [1844], S. 360–366. David Urquhart war der Herausgeber der Serie. **42**

30 Die Londoner Tageszeitung »The Times« erscheint seit 1788 unter diesem Titel und war in jener Zeit die größte englische Zeitung konservativer Richtung. **43**

31 Der Dreißigjährige Krieg (1618–1648) war ein gesamteuropäischer Krieg, der mit einem Aufstand in Böhmen gegen die Habsburger Monarchie begann. Er verwandelte sich in einen Krieg zwischen dem feudal-katholischen Lager (Papst, spanischen und österreichischen Habsburgern und deutschen katholischen Fürsten) und den protestantischen Ländern (Böhmen, Dänemark, Schweden, Teilen Hollands und einer Reihe deutscher Staaten), die von den französischen Königen unterstützt wurden. Die Feldzüge und Schlachten fanden überwiegend auf dem Gebiet des Heiligen Römischen Rei-

ches statt. Die Kriegshandlungen selbst, aber auch die durch sie verursachten Hungersnöte und Seuchen verheerten und entvölkerten ganze Landstriche. Der Krieg endete 1648 mit dem Abschluß des Westfälischen Friedens, dessen Regelwerk neben einem revidierten Religionsfrieden auch weitgehende Regelungen der Verfassungsverhältnisse des Reiches umfaßte, die auf einen Ausgleich zwischen Kaiser und Reichsständen bedacht waren. **43**

32 Im August 1790 brach ein großer, teilweise koordinierter Bauernaufstand in Kursachsen (Kurfürstentum Sachsen) aus, wo die Landbevölkerung unter der Ausbreitung der kleinadligen Gutsherrschaft besonders stark litt. Er war unmittelbar veranlaßt durch eine Dürre und Teuerung sowie ermutigt durch die Französische Revolution (1789–1795). Der Aufstand wurde Anfang September niedergeschlagen. **43**

33 Siehe die Darstellung bei Gustav Freytag: Neue Bilder aus dem Leben des deutschen Volkes, Leipzig 1862, S. 38/39. **43**

34 Society of Arts and Trades – Society for the Encouragement of Arts, Manufactures and Commerce (auch Society of Arts and Sciences) war 1754 von William Shipley in London als eine private Gesellschaft gegründet worden. Am 26. Mai 1843 wählte sie Prinz Albert zu ihrem Präsidenten. Laut Royal Charter von Juni 1847 begünstigte sie Werke der schönen Künste sowie Entdeckungen, Erfindungen und Verbesserungen in Agrikultur, Chemie, Mechanik, Fabrikation und anderen nützlichen Gewerben. Die Gesellschaft, gegliedert in Sektionen, veranstaltete Ausstellungen, wissenschaftliche Tagungen und populärwissenschaftliche Vortragszyklen. Sie verlieh Preise für Kunstwerke und Leistungen, die zum industriellen Fortschritt beitrugen. Seit dem 26. November 1852 gab sie wöchentlich »The Journal of the Society of Arts, and of the Institutions in Union« heraus. Marx nannte die Gesellschaft gelegentlich »Society of Arts and Tricks« (siehe Karl Marx: [Die Blaubücher ... Zur Einberufung der Arbeiterparlaments]. In: MEW, Bd. 10, S. 63.)

Marx hatte, nachdem ihm die Mitgliedschaft angetragen worden war, am 28. Mai 1869 brieflich einen Aufnahmeantrag gestellt. Auf einem Treffen der Gesellschaft am 30. Juni 1869 wurde er zum Mitglied gewählt und gehörte ihr bis 1880 an. (Siehe D. G. C. Allan: The »red doctor« amongst the virtousi: Karl Marx and the Society, part I/II. In: The Royal Society of Arts Journal, March 1981, No. 5296, vol. CXXIX, S. 259–261; ebenda, April 1981, No. 5297, vol. CXXIX, S. 309–311.) **44**

35 Leone Levi: On deer forests and Highland agriculture in relation to the supply of food. In: Journal of the Society of Arts..., London, 23. März 1866, S. 327. **44**

36 »The Economist« – britische ökonomische und politische Wochenzeitschrift, die seit September 1843, begründet und bis 1859 redigiert von James Wilson (1805–1860), in London erscheint. **44**

37 Heinrich VIII., 1530 – An act directing how aged, poor, and impotent persons, compelled to live by alms, shall be ordered; and how vagabonds and beggars shall be punished. **46**

38 D. h. Gesetz aus dem 27. Regierungsjahr Heinrichs VIII. Die bei den folgenden Angaben an zweiter Stelle gegebenen Ziffern sind die Nummern der in dem betreffenden Regierungsjahr erlassenen Gesetze (siehe Anm. 11). **46**

39 Petty Sessions – Tagungen von Friedensrichtern, auf denen sogenannte leichtere Fälle im vereinfachten Verfahren verhandelt wurden. **46**

40 R – Anfangsbuchstabe des englischen Wortes Rogue (Verbrecher). **49**

41 An act for reducing the laws relating to rogues..., 1713. **49**

42 Marx entnahm die Angaben Cunninghams Buch »An essay on trade and commerce...«, London 1770, S. 220, 222 und 224. **49**

43 Siehe Eugène Buret: De la misère des classes laborieuses en Angleterre et en France..., Paris 1840. In: Cours d'économie politique, Bruxelles 1843, S. 490/491. **49**

44 Adam Smith: An inquiry into the nature and causes of the wealth of nations..., vol. 1, Edinburgh 1814, S. 237. **50**

45 Simon-Nicolas-Henri Linguet: Théorie des loix civiles, ou principes fondamentaux de la société, t. 1, Londres 1767, S. 236. **50**

46 Siehe MEW, Bd. 23, S. 279–293, besonders S. 286–289. **51**

47 An act touching divers orders for artificers, labourers, servants of husbandry and apprentices, 1562. **51**

48 Antikoalitionsgesetze – gemeint sind die »Combination Laws« von 1799 und 1800: »An act to prevent unlawful combinations of workmen«, »An act to explain and amend an act of last session respecting workmen«. Sie erklärten, der Tradition des Common Law folgend, jede Vereinigung, Versammlung oder Tätigkeit mit besonderen Zielen als illegale Konspiration. Obwohl die Antikoalitionsregel auf Organisationen der Unternehmer und Arbeiter anwendbar war, wurden nur gewerkschaftliche Verbände und deren Mitglieder gerichtlich verfolgt. 1824 widerrief das Parlament diese Gesetze (»An act to repeal the laws relative to the combination of workmen, and other purposes therein mentioned«). Es gewährte das Recht auf freie Assoziation, verzichtete auch auf den kriminalisierenden Konspirationsbegriff. Als daraufhin die Aktivitäten von Trade Unions erheblich zunahmen, es zu ausgedehnten Streiks, auch zu Gewalttaten kam, wurde 1825 ein neues Gesetz erlassen: »An act to repeal the laws relating to the combination of workmen, and other provisions in lieu thereof«. Dem Gesetz zufolge wurden nur jene Personen von Strafe befreit, die Arbeiterkoalitionen zwecks Festsetzung von Löhnen und der Arbeitszeit bildeten. Während Agitation für den Beitritt zu einem Verband und für die Teilnahme an einem Streik als Nötigung und Gewalt angesehen und als kriminelles Vergehen für strafbar erklärt wurden. **51**

49 Arbeiterstatut von 1349 – gemeint ist das königliche Dekret »An ordinance concerning labourers and servants, 23 Edward III; Statutum de servientibus./Statute of Labourers, [1349]«, das erst in der Parlamentssession 1350/1351 durch Beschluss bestätigt wurde. Es begrenzte die Löhne auf den Stand der Jahre 1340–1346. Darauf folgte ein weiteres, die Beschäftigung und Entlohnung der Arbeiter regelndes Gesetz: »The statute of labourers« von 1350–1351. In Fortführung des ersten verkündete es detaillierte Regelungen, die in den

folgenden Jahrzehnten andauernd ergänzt wurden. Die Statuten von 1349–1351 und folgende wurden erst 1863 vom Parlament widerrufen. **51**

50 Die Friedensrichter, die seit 1327 vom König ernannt wurden und jederzeit von ihm abberufen werden konnten, sollten den Frieden in den Grafschaften hüten. Sie waren unbezahlt tätig, ausgenommen in London und einigen anderen Städten, wo ausgebildete, vom Home Secretary berufene, besoldete Beamte (Borough Justices) ihren Pflichten nachgingen. Die ländlichen Friedensrichter erledigten Aufgaben der Polizei, der Rechtsprechung und der Verwaltung. Seit dem 16. Jahrhundert oblag ihnen auch, Handel und Gewerbe zu ordnen, Arbeitslöhne und Warenpreise festzusetzen, für die Instandsetzung der Straßen und Wege zu sorgen, seit 1601 die Armengesetze zu vollstrecken und die Armensteuer zu erheben. Die Richter einer Grafschaft, etwa 30 bis 50, trafen sich seit 1363 viermal im Jahr zur Quarter Session und hielten Gericht. Sie waren bis ins 19. Jahrhundert hinein die Träger der örtlichen Verwaltung. **52**

51 Gustav Freytag: Neue Bilder aus dem Leben des deutschen Volkes, Leipzig 1862, S. 35/36. **52**

52 Trades Union – Gewerksverbände, die landesweite Vereinigung von (zumeist) gelernten Arbeitern eines Gewerkes. Die Bewegung wuchs seit 1850 rasch heran, umfaßte 1870 49 Verbände mit 289 430 Mitgliedern, 1873 153 Verbände mit 1 191 822 Mitgliedern, darunter jeweils etwa 250 000 Kohlearbeiter und Baumwollarbeiter sowie etwa 100 000 Landarbeiter; 1875 waren es 109 Verbände mit 539 823 Mitgliedern. In den Prozeß des Erstarkens der Bewegung fiel 1871 die rechtliche Anerkennung der Gewerkschaften und des Streikrechts. Zur trade-unionistischen Politik äußerte sich Marx auf einer öffentlichen Sitzung des Zentralrats der Internationalen Arbeiterassoziation (siehe Marx: Lohn, Preis und Profit. In: MEW, Bd. 16, S. 101–152). **9 | 53**

53 Marx bezieht sich vermutlich auf eine Veröffentlichung in der »Times«, Nr. 26 484 vom 8. Juli 1869. Dort wird auf S. 6 unter der

Überschrift »Parliamentary intelligence. House of Commons. Wednesday, July 7« über die zweite Lesung des von Frederic Harrison verfaßten Gesetzentwurfs berichtet. Auf S. 8 veröffentlichte die »Times« einen Kommentar zur zweiten Lesung dieses Gesetzentwurfs. Der Gesetzentwurf sah u. a. vor, daß die bei Gewerbsstreitigkeiten begangenen strafbaren Handlungen nach denselben Prozeßverfahren und denselben Gesetzen behandelt und bestraft werden sollen wie strafbare Handlungen, die von Bürgern aus anderen Ursachen begangen wurden. **54**

54 »große liberale Partei« – eine der beiden politischen Parteien, die sich nach der ersten Parlamentsreform 1832 in Großbritannien konstituierten, entstanden aus neuen Whigs und linken Tories als Partei der Handels- und Industriebourgeoisie. **54**

55 Die Constituante nahm am 14. Juni 1791 das vom Verfassungsausschuß ausgearbeitete, von Isaac-Réne Le Chapelier als Berichterstatter vorgelegte, später nach ihm benannte Gesetz an. Es verbot den Meistern, Gesellen und Arbeitern, sich zwecks Durchsetzung ihrer Interessen zu gemeinsamen Aktionen zusammenzufinden, zu organisieren und zu streiken. Im Jahre 1805 untersagte Napoléon I. die Gründung jeglicher Assoziationen. Das 1811 eingeführte »Code pénal« modifizierte das Gesetz. Nach Artikel 291 durfte sich keine Gesellschaft von mehr als 20 Personen ohne polizeiliche Genehmigung versammeln. Die Artikel 414–416 enthielten die Bestimmungen über das Koalitionsverbot und stellten Streiks unter Strafe. Ein Gesetz vom 10. April 1834, »Loi sur les associations«, verschärfte die gesetzlichen Maßregeln des Art. 291. Verstöße dagegen zogen eine von zwei Monaten auf ein Jahr erhöhte Haftstrafe und eine von 50 auf 1 000 Francs erhöhte Geldstrafe nach sich. Am 25. Mai 1864 mußte die Regierung das Streikverbot (siehe Marx an Engels, 30. Januar 1865. In: MEW, Bd. 31, S. 48; Extract from the ‚Moniteur Universel' of May 28, 1864. In: Correspondence with Her Majesty's Misions abroad, ..., S. 56/57), am 21. März 1884 das Koalitionsverbot gänzlich aufheben und Gewerkschaften zulassen. **55**

56 Schreckensregierung – gemeint ist die revolutionär-demokratische Diktatur der Jakobiner von Juni 1793 bis Juni 1794, in der diese als Antwort auf den konterrevolutionären Terror der Girondisten und Royalisten den revolutionären Terror anwandte. Marx und Engels charakterisieren den »*ganze(n) französischen Terrorismus* ... als eine *plebejische Manier,* mit den *Feinden der Bourgeoisie,* dem Absolutismus, dem Feudalismus und dem Spießbürgertum, fertigzuwerden«. (Die Bourgeoisie und die Konterrevolution. In: MEW, Bd. 6, S. 107; siehe F. Engels, K. Marx: Die heilige Familie. In: MEW, Bd. 2, S. 125–131; siehe auch Engels an Karl Kautsky, 20. Februar 1889 und Engels an Victor Adler, 4. Dezember 1889. In: MEW, Bd. 37, S. 154–156 und 317–318.) **55**

57 Code Pénal – Strafgesetzbuch, das während des Napoleonischen Kaiserreichs ausgearbeitet und am 1. Januar 1811 in Kraft getreten war (siehe Anm. 55). Es war seit 1801 im Conseil d'État – Staatsrat, gegründet am 13. Dezember 1799; ein beratendes und gesetzgebendes Organ – erörtert und vom 12. bis 20. Februar 1810 verabschiedet worden. Napoléon nahm an vielen Sitzungen des Rates teil, wo seine unmittelbare und autoritäre Einflußnahme namentlich zu einer erheblichen Verschärfung der Strafen beitrug. Das Code Pénal fixierte die Strafe als Mittel eines effektiven Schutzes der bürgerlichen Gesellschaft und ihrer Eigentumsverhältnisse. Ihr sollte die größtmögliche Abschreckung für die Allgemeinheit innewohnen. 1832 und 1854 wurde die außerordentliche Härte durch einige Änderungen gemildert. **55**

58 Marx zitiert in Fußnote 43 (MEW, Bd. 23, S. 185) aus Thomas Mommsen: Römischische Geschichte, 1856, S. 810: Der altrömische villicus, als Wirtschafter an der Spitze der Ackerbausklaven, empfing daher, »weil er leichtere Arbeit hat als die Knechte, knapperes Maß als diese«. **56**

59 William Harrison: The description of England. Zitiert nach Frederic Morton Eden: The state of the poor..., Vol. 1. London 1897, S. 120. **57**

60 Adam Anderson spricht auf S. 226 seines Werkes »An historical and chronological deduction ...«, t. 1, London 1764, von »the Blessing of

the Almighty«, bezogen auf das hauptsächliche wirtschaftliche Charakteristikum des 15. Jahrhunderts. **59**

61 James Steuart: An inquiry into the principles of political oeconomy, vol. 1, Dublin 1770, S. 101–108. **59**

62 Nach dem Bürgerkrieg von 1642 bis 1648 errichteten die führenden Kreise der Independenten (Unabhängigen), die ihre soziale Stütze hauptsächlich in Kaufleuten, Manufakturunternehmern und Neuadligen hatten, die Republik (Commonwealth, siehe Anm. 63). An ihrer Spitze fungierte ein Staatsrat, ein parlamentarisches Komitee zur Exekutive und Verwaltung, deren wichtigster Repräsentant Oliver Cromwell war. 1653 wurde die erste Verfassung des Protektorats erlassen, aufgrund derer Cromwell als Lordprotektor Staatsoberhaupt wurde. Er regierte als solcher bis zu seinem Tode. 1660 erfolgte die Restauration des Königshauses Stuart mit Charles II als König. **63**

63 Die englische Republik (Commonwealth) bestand von 1649, dem Jahr der Hinrichtung Charles I, bis zur Restauration der Macht der Stuart-Dynastie im Jahre 1660. Ihre feierliche Proklamation durch das Parlament erfolgte am 19. Mai 1649. Obwohl der Sturz des monarchistischen Systems vor allem ein Ereignis des Kampfes der Volksmassen war, richtete sich das republikanische System gegen die Forderungen breiter Teile des Volkes nach der Beendigung der Einhegungen und für die Gewährung größerer politischer und ökonomischer Freiheiten. Die Ausbeutung verschärfte sich in gewissem Sinn sogar. Der Widerstand radikal-demokratischer Bewegungen – der Leveller (der Gleichmacher) und der Digger (zunächst True Levellers) – wurde bis 1653 niedergeschlagen. **63**

64 Carey, nebenbei großer Russenknecht – bei Carey verbanden sich das Eintreten für die schutzzöllnerischen Interessen der amerikanischen Industriebourgeoisie mit Sympathien für die Schutzzollpolitik Rußlands und den Zarismus (siehe Careys Schrift »The slave trade, domestic and foreign ...«, Philadelphia 1853, chap. XVIII: New freedom grows in Russia, S. 326–339). Diese Position vertrat er auch als

Mitarbeiter der »New-York Daily Tribune«, für die er offensichtlich die meisten protektionistischen redaktionellen Artikel verfaßte. (Siehe Marx an Engels, 14. Juni 1853. In: MEW, Bd. 28, S. 265–266; MEGA^2 I/12, S. 681–684.) **63**

65 Kain, ein Ackerbauer, und Abel, ein Schafhirte, opfern Gott eines Tages Feldfrüchte und ein Lamm. Während Gott die Gabe Abels wohlwollend annimmt, weist er die Kains zurück, der hierauf seinen Bruder erschlägt. Zur Strafe vertreibt Gott Kain vom Acker, der ihm nicht länger seine Kraft geben soll, und entzieht ihm seinen Segen. Gott versieht ihn jedoch mit einem Zeichen, damit ihn niemand töte. Kain wohnt fortan im Lande Nod, das Land der Heimatlosigkeit, und führt das Leben eines ruhelosen Flüchtlings. (Siehe Die Bibel. Das Alte Testament, 1. Buch Mose/Genesis 4, 3–18.) Im »Neuen Testament« wird Abel der Gerechte genannt, sein Glaube und Handeln gerühmt. (Siehe Das Evangelium des Matthäus, 23, 35.) **63**

66 Die Goldfelder in Kalifornien (entdeckt 1848) und Australien (entdeckt 1851) förderten 1851 gegenüber 1848/1849 das 5,7fache und 1856 gegenüber 1851 das 2,9fache an Gold. An der Weltförderung waren im Zeitraum 1849–1851 bzw. 1852–1856 Kalifornien mit 58,7 % bzw. 49,5 %, Australien mit 3,6 % bzw. 40,4 % und Rußland mit 37,7 % bzw. 10,1 % beteiligt. (Siehe Movement of Bullion. In: The Economist, London, 24. Januar 1857; Thomas Tooke and William Newmarch: History of prices…, 6th vols., London 1857, S. 135–170; On the order, extent, and character of the changes which have been produced during the nine years 1848–1856, by the new supplies of Gold from California and Australia. In: Ebenda, S. 767–771.) **12 | 65**

67 Der Handelskrieg nahm während der Kontinentalsperre der europäischen Länder gegen Großbritannien einen erheblichen Umfang an. Am 21. November 1806 verhängte Napoléon I. von Berlin aus eine Handelsblockade über Großbritannien, der sich alle von ihm abhängigen, unterworfenen oder mit ihm verbündeten Staaten anschließen mußten. Am 7. Januar 1807 beantwortete Großbritannien die Sperre mit der »Order in Council«, die allen neutralen Schiffen ver-

bot, französische Häfen anzulaufen. Am 11. und 21. November 1807 wurden in London zwei weitere Orders in Council erlassen, die allen neutralen Nationen streng verboten, mit den Großbritannien feindlichen Staaten Handel zu treiben. Alle neutralen Schiffe mußten einen englischen Hafen anlaufen und dort die vorgeschriebenen Steuern und Zölle entrichten. Als Antwort darauf erließ Napoléon I. am 23. November und 17. Dezember 1807 in Mailand zwei Dekrete, nach denen jedes Schiff, das sich dem englischen Befehl unterwarf, als feindlich zu betrachten sei. Aufgrund eines Geheimartikels des Tilsiter Vertrages von 1807 erfolgte der Beitritt Rußlands zum Kontinentalsystem. Die Handelsblockade erstreckte sich damit auf alle Waren englischer Herkunft, unabhängig davon, wem diese Waren gehörten. Die Sperre brach im Herbst und Winter 1813 mit der militärischen Niederlage des Napoleonischen Frankreichs zusammen. **65**

68 1579 schlossen sich die sieben nördlichen Provinzen, die protestantisch waren, zur Utrechter Union zusammen, die sich 1581 von Spanien unabhängig erklärte und die Generalstaaten, die spätere Republik der Vereinigten Niederlande bildete. Die niederländische Revolution war die erste siegreiche bürgerliche Revolution. **65**

69 Antijakobinerkrieg – Kriege europäischer Staaten, hauptsächlich Englands, Österreichs, Rußlands und Preußens, gegen das revolutionäre, später napoleonische Frankreich (1793–1815). Sie wurden in wechselnden Koalitionen geführt, in denen England stets eine führende Rolle spielte. Marx charakterisiert ihn als einen Krieg gegen die Revolution, einen antijakobinischen Krieg (Eine sonderbare Politik. In: MEW, Bd. 11, S. 305); als einen Krieg, »der in Wirklichkeit ein von den britischen Baronen geführter Krieg gegen die britischen Arbeitermassen war« (Lohn, Preis und Profit. In: Ebd., Bd. 16, S. 143). Auch Cobbett sprach von einem »antijacobin war« (siehe William Cobbetts Schrift »Paper against gold; ...«, London 1828, S. 25 u. a.). **66**

70 Die Opiumkriege gegen das Kaiserreich China der Quing-Dynastie führte Großbritannien von 1839 bis 1842 und von 1856 bis 1860. Die

chinesische Regierung verbot 1800 die Opiumeinfuhr, die Ostindische Kompanie (Anm. 71) setzte das Geschäft jedoch illegal fort. 1839 erließ der chinesische Kaiser ein totales Einfuhrverbot für Opium und ordnete an, die britischen Opiumvorräte in Kanton zu beschlagnahmen und zu vernichten. Dieser Vorfall veranlaßte Großbritannien militärisch einzugreifen. Die britische Flotte traf im Juni 1840 in China ein. Im Ergebnis des Krieges wurde China gezwungen, fünf Häfen für den europäischen Handel zu öffnen, Hongkong »auf ewige Zeit« an Großbritannien abzutreten, eine erhebliche Kontribution zu zahlen und die Einfuhr von Opium zu gestatten (siehe Karl Marx: Die Geschichte des Opiumhandels. In: MEW, Bd. 12, S. 549–556; [Über den britisch-chinesischen Vertrag]. In: Ebenda, S. 565–569 und 584–589). Im nächsten Krieg setzte Großbritannien zusammen mit Frankreich die koloniale Eroberung fort. Er endete mit der Niederlage Chinas und der Unterzeichnung der Verträge von Tianjin (Tientsin) (1858) und Peking (Beijing) (1860) zugunsten der beiden Länder sowie der nicht am Krieg beteiligten Mächte Rußland und USA. Die Verträge öffneten dem ausländischen Handel neue Häfen am Yangtse-kiang (Changjiang), in der Mandschurei sowie auf den Inseln Taiwan und Hainan (Hainandao). Außerdem bekamen Christen das Recht, die chinesische Bevölkerung zu missionieren und Eigentum zu besitzen. **66**

71 Die Ostindische Kompanie (East-India Company), von englischen Kaufleuten 1599 gegründet und ein Jahr später durch königliche Charter mit dem Recht des Alleinhandels mit Indien ausgestattet, entwickelte sich in ihrer fast 220jährigen Geschichte aus einer Handelsgesellschaft (seit 1647 Aktiengesellschaft) in eine Militär- und Territorialmacht. Sie beherrschte Indien, den Seeweg nach Indien und spielte eine maßgebliche Rolle im Ostasienhandel. Das Handelsmonopol, Erpressungen und räuberische Kriege, die Privilegien im Handel mit chinesischem Tee sowie die illegale Einfuhr von Opium aus Burma und Indien nach China gestatteten es den Kolonialherren, exorbitante Vermögen anzuhäufen, die nach England

flossen. Willkür, Mißwirtschaft und die durch die erstarkende Industriebourgeoisie Anfang des 19. Jahrhunderts erzwungene »Öffnung« Indiens führten zum Rückgang der Macht und des Einflusses der Gesellschaft. 1784 sanktionierte das Parlament durch das »East India Bill« die Staatskontrolle über die Gesellschaft, nahm ihr die Entscheidung über die politischen, militärischen und finanziellen Angelegenheiten. Ihr kommerzielles Monopol für Indien lief 1813 ab und wurde nicht erneuert, das für China wurde 1833 abgeschafft. 1858 wurden die Besitzungen der Gesellschaft sowie alle weiteren Rechtstitel (namentlich die Oberhoheit über die Fürstenstaaten) endgültig von der Krone übernommen. (Siehe u. a. Karl Marx: Die Ostindische Kompanie, ihre Geschichte und die Resultate ihres Wirkens. In: MEW, Bd. 9, S. 148–156; ders.: Die Einnahmen der Engländer in Indien. In: Ebenda 12, S. 281–284; ders.: Die bevorstehende Indienanleihe. In: Ebenda, S. 378–381; ders.: Die Indien Bill. In: Ebenda, S. 523–526.) Die Angaben zur Geschichte der Gesellschaft entnahm Marx hauptsächlich den Schriften von John Ramsay McCulloch: Dictionary, Practical, Theoretical, and Historical, of Commerce and Commercial Navigation, London 1847 sowie von Hugh Murray: Historical and Descriptive Account of British India, vol. 1–3, Edinburgh, London 1832 (Auszüge daraus in: MEGA^2 IV/10.) Siehe auch Adam Smith: An inquiry…, book IV, ch. VII, pt. III; book V, ch. I, art. 1. **12 | 67**

72 Die Puritaner waren Anhänger einer kirchlichen und politischen Bewegung im Sinne des Reformators Johann Calvin, die sich im 16. Jahrhundert in England entwickelte. Seinen Höhepunkt erreichte der Puritanismus mit dem Sieg im englischen Bürgerkrieg und der Errichtung einer puritanisch geprägten Republik unter Oliver Cromwell (siehe Anm. 62). Die Bezeichnung »Puritaner« wurde zunächst als Spottname gegen derart gesinnte Laien und Geistliche verwendet und leitet sich von ihren Forderungen nach einer »Reinigung« der Kirche von »papistischen«, also römisch-katholischen, Lehren her. Die Puritaner lehnten in der reformierten Tradition von Calvin alle Formen der Religionsausübung ab, die sie nicht durch

Gottes Wort in der Bibel begründet fanden und standen damit im Gegensatz zur anglikanischen und lutherischen Tradition, die alles erlaubt fand, was durch die Bibel nicht ausdrücklich verboten wurde. Viele Puritaner emigrierten im 17. Jahrhundert von England in die britische Kolonie nach Neuengland, den späteren USA. Da in den ersten Jahrzehnten der Existenz dieser Kolonien die Bevölkerung vor allem aus Puritanern bestand, wurde der Puritanismus damals auch zur dort bestimmenden Religion. **68**

73 pilgrim fathers – englische Puritaner, die ab 1620 wegen Repressalien in England nach Nordamerika (Mayflower) auswanderten (siehe Anm. 72). **69**

74 Martin Luther: Von Kauffshandlung und Wucher. In: Der sechste Teil der Bücher des Ehrnwirdigen Herrn Doctoris Martini Lutheri…, Wittembergk 1589, S. 296. **69**

75 Gustav von Gülich: Geschichtliche Darstellung des Handels, der Gewerbe und des Ackerbaus…, Bd. 1, Jena 1830, S. 371. – Siehe Marx' Exzerpt von 1846/1847. In: MEGA IV/6, S. 9–937. **69**

76 Höchstwahrscheinlich war Marx diese Wendung durch Hegel geläufig (siehe Georg Wilhelm Friedrich Hegel: Phänomenologie des Geiste, hrsg. von D. Johann Schulze. Berlin 1832. [Werke. Vollst. Ausg. durch einen Verein von Freunden des Verewigten ... Bd. 2], S. 411). Hegel zitiert ohne Quellenangabe aus der Veröffentlichung: Rameau's Neffe. Ein Dialog von Diderot. Aus dem Manuskript übersetzt und mit Anmerkungen begleitet von Goethe. Leipzig 1805, S. 282/283: »Dieser fremde Gott setzt sich bescheiden auf den Altar, an die Seite des Landesgötzen. Nach und nach gewinnt er Platz; und an einem hübschen Morgen giebt er mit dem Ellbogen seinem Kameraden einen Schubs und Bautz! Baradautz! der Götze liegt am Boden.« Die Wendung findet sich ohne Quellenangabe in der 1. und 2. deutschen Auflage des ersten Bandes des »Kapitals«; in der französischen Ausgabe steht stattdessen, ohne Quellenangabe, ein Zitat aus Denis Diderots Schrift »Le neveu de Rameau« (1761/1762; Erstausgabe: Paris 1823 – siehe MEGA II/7, S. 671.17–19.) **69**

77 Sünde gegen den heiligen Geist – Zitat aus: Die Bibel. Das Neue Testament, Evangelium des Matthäus 12, 31. **70**

78 Möglicherweise bezieht sich Marx hier auf Passagen aus dem Werk von William Cobbett: A history of the Protestant ›Reformation‹, in England and Ireland, vol. 1, London 1824, Brief 3, § 93, Brief 7, § 209, Brief 8, § 239 und Brief 14, § 402. **70**

79 Möglicherweise bezieht sich Marx auf die Schrift von Henry Saint-John Bolingbrokes: Some reflections on the present state of the nation, principally... Publ. by D. Mallet, vol. 3, London 1777, S. 145/146. **71**

80 Protektionssystem (lateinisch protectio: Schutz) – bezeichnet in Bezug auf ökonomische Sachverhalte alle Maßnahmen in Form von Handelshemmnissen, mit denen ein Staat versucht, ausländische Anbieter auf dem Inlandsmarkt zu benachteiligen. In den USA war der Streit um die zukünftige Wirtschaftspolitik (Freihandel oder Protektionismus) zwischen den ländlichen Südstaaten und den sich industrialisierenden Nordstaaten ein Grund für die Sezession der Südstaaten (siehe Anm. 27). – Siehe auch Karl Marx: Die Schutzzöllner, die Freihandelsmänner und die arbeitende Klasse. In: MEW, Bd. 4, S. 296–298. **72**

81 Colberts Vorgang – der nach Frankreichs staatspolitischem und volkswirtschaftlichem Reformator Jean-Baptiste Colbert genannte Colbertismus war die französische Variante des Merkantilismus, mit starker Betonung des Gewerbes und des Außenhandels. Die Vernachlässigung der Landwirtschaft im Agrarstaat Frankreich, u.a. durch Verbote des Getreideexports, um niedrige Nahrungsmittelpreise zu sichern, begünstigte im 18. Jahrhundert das Aufkommen des Physiokratismus, dessen wirtschaftstheoretische Grundlagen auf der alleinigen Produktivität der Landwirtschaft beruhten und das geförderte französische Gewerbe zum »sterilen Sektor« rechneten. **73**

82 herodischer Kinderraub – Anspielung auf die Bibel: Das Neue Testament, Evangelium des Matthäus 2, 16–18. – Als die Weisen aus dem

Morgenlande, von Herodot ausgeschickt, um den neugeborenen Jesus zu suchen, ihm keine Meldung brachten, befahl er die Tötung aller männlichen Kinder bis zum Alter von zwei Jahren, den Kindermord von Betlehem. Der Grund für die Anordnung war seine Furcht, unter diesen Kindern könnte eines sein, das ihn einmal mit dem Anspruch König der Juden zu sein, von seinem Platz verdrängen würde. **73**

83 Werwolf (auch Beerwolff) – in der Mythologie und Kunst ein Mensch, der sich in einen Wolf verwandelt. **75**

84 Bullion-Komitee – 1810 vom britischen Parlament eingesetzter Ausschuß (Bullion Committee) unter Leitung von Sir Robert Peel zur Untersuchung der Ursachen für die Geldentwertung und Verschlechterung des Wechselkurses. **75**

85 King's Bench – Court of King's/Queen's Bench zu London war eines der britischen Oberhofgerichte, die zum Hohen Gerichtshof (High Court of Justice) gehörten. Bis zur Gerichtsreform von 1873–1875 (Judicative Acts) war es der höchste Gerichtshof und zugleich die höchste Berufungsinstanz in allen Kriminal- und Zivilsachen sowie ermächtigt, die Urteile der Untergerichte, vor allem der Grafschaftsgerichte (County Courts) und der Friedensgerichte (Magistrates' Courts) zu prüfen. **75**

86 Asientovertrag (spanisch: Sitz, Abkommen, bes. Versorgungsvertrag) – hier erfolgte im Friedensvertrag von Utrecht, der im Ergebnis des Spanischen Erbfolgekrieges (1701–1714) zwischen England und Spanien am 13. Juli 1713 abgeschlossen wurde, im Artikel 12 die Bestätigung des Assiento-Traktats vom 26. März 1713 (Madrid), demzufolge die Engländer das alleinige Recht hatten, in den amerikanischen Provinzen Spaniens den Sklavenhandel zu betreiben. **76**

87 Marx verweist auf den griechischen Dichter Pindar im Sinne von Verkünder.

88 Tantae molis erat – verkürzter Ausspruch aus Vergilius' »Aeneis« 1, 33: »Tantae molis erat Romanam condere gentem.« (»Solcher Mühe bedurfte es, das römische Geschlecht zu begründen.«) **76**

89 Im amerikanischen Unabhängigkeitskrieg (1775–1783) errangen die 13 nordamerikanischen Kolonien Englands ihre Unabhängigkeit vom Mutterland. Sie bildeten einen Staatenbund. Als Geburtsurkunde der USA gilt »The Unanimous Declaration of the thirteen United States of America« vom 4. Juli 1776, verfaßt von einem Ausschuß unter Leitung von Thomas Jefferson (1743–1826), dritter Präsident der Vereinigten Staaten von Amerika (1801–1809). In ihr wurde die Unabhängigkeit von England erklärt und das Recht auf Widerstand und Revolution proklamiert. Sie verkündete so entscheidende bürgerlich-demokratische Prinzipien, wie die Freiheit der Persönlichkeit, die Gleichheit der Bürger vor dem Gesetz und den Grundsatz der Volkssouveränität, jedoch nicht die Emanzipation der Sklaven. Die deklarierten Menschenrechte galten ebensowenig für die Ureinwohner, die Indianer. **77**

90 Edmund Burke: Thoughts and details on scarcity … London 1800, S. 32. **77**

91 Constantin Pecqueur: Théorie nouvelle d'économie sociale et politique, ou études sur l'organisation des sociétés, Paris 1842, S. 435. **78**

92 Siehe MEW, Bd. 4, S. 473, 474, 472. **81**

Literaturverzeichnis

Bei den von Marx zitierten und erwähnten Schriften werden, soweit sie sich feststellen ließen, die vermutlich von ihm benutzten Ausgaben angegeben. In eckigen Klammern werden die Autoren anonym erschienener Schriften ergänzt bzw. Hinweise auf die Benutzung durch Marx gegeben. Bei der Angabe »Im Verzeichnis von Daniels« handelt es sich um ein von Roland Daniels Anfang Dezember 1850 zusammengestelltes Verzeichnis des Marxschen Bibliotheksbestandes. In einigen Fällen, besonders bei allgemeinen Quellen- und Literaturhinweisen, wird keine bestimmte Ausgabe angeführt. Einige Quellen konnten nicht ermittelt werden.

Addington, Stephen: An inquiry into the reasons for and against inclosing open-fields. 2. ed. Coventry 1772. (Zitiert nach: Richard Price: Observations on reversionary payments ... 6. ed. Vol. 2. London 1803, S. 153–155.) **36**

Aikin, John: A description of the country from thirty to forty miles round Manchester. London 1795. [Auszüge in einem Manchester-Heft von 1845.] **65 | 76**

[Anderson, Adam:] An historical and chronological deduction of the origin of commerce, from the earliest accounts to the present time. Containing, an history of the great commercial interests of the British Empire. With an app. In 2 vol. London 1764. [Auszüge in einem Heft, datiert »London 1856. April«.] **59 | 76**

Anderson, James: Observations on the means of exciting a spirit of national industry; chiefly intended to promote the agriculture, commerce, manufactures, and fisheries of Scotland. In a series of letters to a friend. Written in the year 1775. Edinburgh 1777. [Auszüge im Heft VII, London 1859–1863.] **40**

[Appianus] Appian von Alexandrien: Römische Geschichten. Übers. von Ferdinand L. J. Dillenius. Bd. 7. Stuttgart 1830. [In der Bibliothek von Marx.] **37**

[Arbuthnot, John:] An inquiry into the connection between the present price of provisions, and the size of farms. With remarks an population as affected thereby. To which are added, proposals for preventing future scarcity. By a farmer. London 1773. [Auszüge im Beiheft B, 1863.] **32 | 38**

Augier, Marie: Du crédit public et de son histoire depuis les temps anciens jusqu'à nos jours. Paris 1842. [Im Verzeichnis von Daniels, 1850. Auszüge in einem Brüsseler Heft von 1846/1847.] **77**

Bacon, Francis: The essays or counsels, civil and moral. (Zitiert nach: Richard Price: Observations an reversionary payments ... 6. ed. Vol. 2. London 1803, S. 156.) **28 | 29**

– The reign of Henry VII. Verbatim reprint from Kennet's England, ed. 1719. London 1870. **27–29**

Beecher-Stowe, Harriet: Uncle Tom's cabin; or, Negro life in the slave states of America. **41**

Die Bibel. Das Alte Testament. **63**

Die Bibel. Das Neue Testament. **70 | 73**

Blakey, Robert: The history of political literature from the earliest times. Vol. 1.2. Vol. 2. London 1855. [Auszüge im Heft VII, London 1859–1863.] **31**

Brougham, Henry: An inquiry into the colonial policy of the European powers. In 2 vol. Vol. 2. Edinburgh 1803. [Auszüge in einem Heft, das 1851 entstand.] **76**

Buchanan, David: Observations an the subjects treated of in Dr. Smith's Inquiry into the nature and causes of the wealth of nations. Edinburgh 1814. [Auszüge im Heft IX, London 1851, und im Beiheft C, 1863.] **40**

Buchez, Philippe-Joseph-Benjamin, Pierre-Célestin Roux[-Lavergne]: Histoire parlementaire de la Révolution française, ou Journal des Assemblées Nationales, depuis 1789 jusqu'en 1815. T. 1–40. T. 10. Paris 1834. **55**

Burke, Edmund: A letter from the Right Honourable Edmund Burke to a Noble Lord, on the attacks made upon him and his pension, in the House of Lords, by the Duke of Bedford and the Earl of Lauderdale, early in the present session of Parliament. London 1796. **33**

– Thoughts and details an scarcity, originally presented to the Right Hon. William Pitt, in the month of November, 1795. London 1800. [Auszüge im Beiheft B, 1863.] **77**

[Byles, John Barnard:] Sophisms of free-trade and popular political economy examined. By a barrister. 7.ed., with corr. and add. London 1850. [In der Bibliothek von Marx.] **51**

Carey, Henry Charles: The slave trade, domestic and foreign: why it exists, and how it may be extinguished. Philadelphia 1853. [Im Besitz von Marx (siehe Marx an Engels, 14. Juni 1853).] **41 | 63**

The character and behaviour of King William, Sunderland, Somers etc. as represented in original letters to the Duke of Shrewsbury, from Somers, Halifax, Oxford, secretary Vernon etc. [Handschrift in der Sloane Manuscript Collection des Britischen Museums, Nr.4224.] [Auszüge im einem Heft, das mit »London 1856. April« datiert ist.] **33**

Cobbett, William: A history of the Protestant »Reformation«, in England and Ireland. Showing how that event has impoverished and degraded the main body of the people in those countries. In a ser. of letters, addressed to all sensible and just Englishmen. London 1824. **30 | 70**

Comte, Charles: Traité de législation ou exposition des lois générales, suivant lesquelles les peuples prospèrent, dépérissent, ou restent stationnaires. 3. éd., rev. et corr. Bruxelles 1837. [Im Verzeichnis von Daniels, 1850.] **66**

[Cunningham, John:] An essay on trade and commerce: containing observations on taxes, as they are supposed to affect the price of labour in our manufactories: together with some interesting reflections on the importance of our trade to America. London 1770. [Auszüge in den Beiheften F und G, 1863.] **47**

Décret relatif aux assemblées d'ouvriers et artisans de même état et profession. 14–17 juin 1791. Art. 1.4. In: Révolutions de Paris. Paris. 3. année. B. trimestre. 1791. Nr. 101. **54**

Dunning, Thomas Joseph: Trades' Unions and strikes: their philosophy and intention. London 1860. [Auszüge im Beiheft A, 1863.] **77**

Eden, Frederic Morton: The state of the poor: or, an history of the labouring classes in England, from the conquest to the present period; ... with a large app. In 3 vol. Vol. 1. London 1797. [Auszüge in einem Heft von Marx und einem Heft von Engels, das Marx nachweislich auch benutzte; beide Hefte 1845 in Manchester entstanden.] **31 | 34 | 73**

Ensor, George: An inquiry concerning the population of nations: containing a refutation of Mr. Malthus's Essay on population. London 1818. [Auszüge im Beiheft C, 1863.] **40**

[Evans, Howard:] Our old Nobility. By noblesse oblige. 2. ser. London 1879. **33**

Feudalism and deer forests. In: The Economist. London. Nr. 1188, 2. Juni 1866. **44**

Fielden, John: The curse of the factory system; or a short account of the origin of factory cruelties; ... London [1836]. [Auszüge im Heft XI, London 1851.] **74 | 75**

[Forster, Nathaniel:] An enquiry into the causes of the present high price of provisions. Pt. 1.2. London 1767. [Auszüge im Beiheft B, 1863.] **35**

Fortescue, John: De laudibus legum Angliae. [London 1537.] **26**

Freytag, Gustav: Neue Bilder aus dem Leben des deutschen Volkes. Leipzig 1862. [Aus dem Nachlaß von Wilhelm Wolff in den Besitz von Marx übergegangen (siehe Marx an Engels, 18. November 1864 und 22. August 1865).] **52**

Geoffroy Saint-Hilaire, [Étienne]: Notions synthétiques, historiques et physiologiques de philosophie naturelle. Paris 1838. **59**

Gisborne, Thomas: An enquiry into the duties of men in the higher and middle classes of society in Great Britain. 2. ed., corr. In 2 vol. Vol. 2. London 1795. [Auszüge in einem Manchester-Heft von 1845.] **75**

Goethe, Johann Wolfgang von: Epigrammatisch. Katechisation. **7 | 22**

Gülich, Gustav von: Geschichtliche Darstellung des Handels, der Gewerbe und des Ackerbaus der bedeutendsten handeltreibenden Staaten unsrer Zeit. Bd. 1–5. Bd. 1.2. Jena 1830. [In der Bibliothek von Marx. Auszüge in einem Brüsseler Heft von etwa 1846/1847.] **69**

Harrison, William: The description of England. (Zitiert nach: Frederic Morton Eden: The state of the poor ... Vol. 1. London 1797, S. 111, 118 und 120.) **27 | 48 | 57**

[Hodgskin, Thomas:] The natural and artificial right of property contrasted. A ser. of letters, addressed without permission, to H. Brougham ... By the author of »Labour defended against the claims of capital«. London 1832. [Auszüge im Beiheft A, 1863.] **65**

Holinshed, Raphael siehe *Harrison, William*

Howitt, William: Colonization and Christianity: a popular history of the treatment of the natives by the Europeans in all their colonies. London 1838. [Auszüge im Heft XIV, London 1851.] **66**

Hunter siehe *Public Health. Seventh report*

A letter to Sir T. C. Bunbury, Bart., on the poor rates, and the high price of provisions. With some proposals for reducing both. By a Suffolk gentleman. Ipswich 1795. [Auszüge im Beiheft B, 1863.] **32**

Levi, Leone: On deer forests and Highland agriculture in relation to the supply of food. In: Journal of the Society of Arts, and an the Institutions in Union. London. 23. März 1866. **44**

[Linguet, Simon-Nicolas-Henri:] Théorie des loix civiles, ou principes fondamentaux de la société. T.1.2. Londres 1767. [In der Bibliothek von Marx. Auszüge im Heft VII, London 1859–1863.] **50**

Luther, Martin: Von Kauffshandlung und Wucher. In: Der sechste Teil der Bücher des Ehrnwirdigen Herrn Doctoris Martini Lutheri ... Wittembergk 1589. [Auszüge in einem Londoner Heft von 1856.] **69**

Macaulay, Thomas Babington: The history of England from the accession of James the Second. 10. ed. Vol. 1. London 1854. [Aus dem Nachlaß von Wilhelm Wolff in den Besitz von Marx übergegangen (siehe Marx an Engels, 18. November 1864 und 22. August 1865).] **25**

MacCulloch, John Ramsay: The literature of political economy: a classified catalogue of select publications in the different departments of that science, with historical, critical, and biographical notices. London 1845. [Auszüge in einem Manchester-Heft von 1845, im Heft IX, London 1851, und im Heft XXI, London 1853.] **36**

Marx, Karl: Das Kapital. Kritik der politischen Oekonomie. Bd. 1. Buch 1: Der Produktionsprocess des Kapitals. 3., verm. Aufl. Hamburg 1883. **51**

– Elections – Financial clouds – The Duchess of Sutherland and slavery. In: New-York Daily Tribune. Nr. 3686, 8. Februar 1853. **41 | 42**

[Marx, Karl, Friedrich Engels:] Manifest der Kommunistischen Partei. Veröffentlicht im Februar 1848. London [1848]. **81**

[Mirabeau, Honoré-Gabriel-Victor Riqueti] de: De la monarchie prussienne, sous Frédéric le Grand. Avec un app., cont. des recherches sur la situation actuelle des principales contrées de l'Allemagne. T. 1–8. T. 2.3.6. Londres 1788. [Im Verzeichnis von Daniels, 1850.] **25 | 43 | 44| 60 | 61| 73**

Monteil, Amans-Alexis: Traité de matériaux manuscrits de divers genres d'histoire. T. 1.2. T. 1. Paris 1835. **58**

Montesquieu, [Charles-Louis de Secondat] de: De l'esprit des loix. Nouv. éd., revue, corr., et considérablement augm. par l'auteur. Londres 1769. Œuvres. T. 1.3. [T.1–7. in der Bibliothek von Marx. Im Verzeichnis von Daniels, 1850. Auszüge in den Kreuznacher Heften, die zwischen Juli bis August 1843 entstanden.] **71**

More, Thomas: Utopia. Originally printed in Latin, 1516. Transl. into English by Ralph Robinson ... Carefully ed. by Edward Arber. London 1869. [In der Bibliothek von Marx.] **28 | 48**

Newman, Francis William: Lectures an political economy. London 1851. [Auszüge im Heft XXI, London 1853.] **33 | 40**

Ovidius Naso, Publius: Fasti. **30**

Pecqueur, Constantin: Théorie nouvelle d'économie sociale et politique, ou études sur l'organisation des sociétés. Paris 1842. [In der Bibliothek von Marx. Im Verzeichnis von Daniels, 1850.] **78**

A political enquiry into the consequences of enclosing waste lands, and the causes of the present high price of butchers meat. Being the sentiments of a society of farmers in-shire. Holborn 1785. [Auszüge im Beiheft B, 1863.] **34**

The Portfolio. Diplomatic review. (New series.) (London) **42**

Price, Richard: Observations on reversionary payments; on schemes for providing annuities for widows, and for persons in old age; on the method of calculating the values of assurances on lives; and on the national debt. 6. ed. By William Morgan. Vol.1.2. Vol. 2. London 1803. [Auszüge im Beiheft B, 1863.] **36 | 37 | 38**

Public health. Seventh report of the medical officer of the Privy Council. With app. 1864. Presented pursuant to act of parliament. London 1865. **30**

Raffles, Thomas Stamford: The history of Java. With a map and plates. In 2 vol. London 1817. [Auszüge im Heft XXII, London 1853.] **66**

Roberts, George: The social history of the people of the southern counties of England in past centuries; illustrated in regard to their habits, municipal bye-laws, civil progress, etc. London 1856. [In der Bibliothek von Marx.] **30**

Rogers, James Edwin Thorold: A history of agriculture and prices in England from the year after the Oxford Parliament (1259) to the commencement of the continental war (1793). Compiled entirely from original and contemporaneous records. Vol.1.2. Oxford 1866. [In der Bibliothek von Marx.] **32**

Rousseau, Jean-Jacques: Discours sur l'économie politique. Nouv. éd. Genève 1760. **60**

Roux, Pierre-Célestin siehe *Buchez, Philippe-Joseph-Benjamin*

[Seeley, Robert Benton:] The perils of the nation. An appeal to the legislature, the clergy, and the higher and middle classes. 2. ed., rev. London 1843. [In der Bibliothek von Marx.] **38**

Senior, Nassau William: Journals, conversations and essays relating to Ireland. In 2 vol. Vol. 2. London 1868. [Im Besitz von Engels (siehe Engels an Marx, 25. Juli 1869). Auszüge in einem Heft, das 1868/1869 entstanden ist.] **42**

Sismondi, Jean-Charles-Léonard Simonde de: Nouveaux principes d'économie politique, ou de la richesse dans ses rapports avec la population. 2. éd. T. 1.2. Paris 1827. [Auszüge in einem nicht überlieferten Heft, das zwischen 1844 und 1847 entstand.] **79**

Smith, Adam: An inquiry into the nature and causes of the wealth of nations ... With notes, and an add. vol., by David Buchanan. In 3 vol. Vol 1. Edinburgh 1814. [Auszüge im Beiheft C, 1863.] **50**

Somers, Robert: Letters from the Highlands; or, the famine of 1847. London, Edinburgh, Glasgow 1848. [Auszüge im Heft XIII, London 1851.] **42 | 43**

S[tafford], William: A compendious or briefe examination of certayne ordinary complaints, of divers of our country men in these our dayes, etc. London 1581. **57**

Steuart, James: An inquiry into the principles of political oeconomy: being an essay on the science of domestic policy in free nations. In 3 vol. Vol. 1. Dublin 1770. [Auszüge im Heft VIII, London 1851.] **26 | 40 | 59**

Strype, John: Brief annals of the church and state. (Zitiert nach: Frederic Morton Eden: The state of the poor ... Vol. 1. London 1797, S. 112.) **48**

Thiers, Adolphe: De la propriété. Paris 1848. **21 | 22**

Thornton, William Thomas: Over-population and its remedy; or, an inquiry into the extent and causes of the distress prevailing among the labouring classes of the British Islands, and into the means of remedying it. London 1846. [Auszüge im Heft XIII, London 1851.] **27**

Tuckett, John Debell: A history of the past and present state of the labouring population, including the progress of agriculture, manufactures, and commerce ... Vol. 1.2. London 1846. [Auszüge im Heft IX, London 1851.] **30 | 63**

Two letters on the flour trade, and dearness of corn ... By a person in business. London [1767]. [Auszüge im Beiheft B, 1863.] **35**

Urquhart, David: Familiar words, as affecting the character of Englishmen and the fate of England. London 1855. **62 | 63**

Vergilius Maro, Publius: Aeneis. **76**

Witt, Johan de: Aanwysing der heilsame politike gronden en maximen van de Republike van Holland en West-Friesland. Leyden 1669. **72**

Wright, Thomas: A short address to the public on the monopoly of small farms, a great cause of the present scarcity and dearness of provisions. With the plan of an institution to remedy the evil: and for the purpose of increasing small farms throughout the Kingdom. London 1795. [Auszüge im Beiheft B, 1863.] **35**

Personenverzeichnis

Blakey, Robert (1795–1878) englischer Philosoph und Publizist, 1849 Professor für Logik und Metaphysik in Belfast. **31**

Bolingbroke siehe *St. John*

Brentano, Lujo (1844–1931) deutscher Ökonom und Sozialpolitiker; Professor in Breslau, Straßburg, Wien, Leipzig und München; ein führender Vertreter der jüngeren deutschen Historischen Schule. **10**

Bright, John (1811–1889) englischer Baumwollfabrikant, Mitglied der Society of Friends [Quäker], Politiker, Liberaler; Freihändler und Reformer, 1843 bis 1888 mit kurzen Unterbrechungen Mitglied des Parlaments; Führer der Anti-Corn-Law League; Handelsminister (1868–1870). **63**

Brougham, Henry Peter, 1st Baron Brougham and Vaux (1778–1868) britischer Politiker, Jurist und Schriftsteller; Whig, Reformer; Lordkanzler (1830–1834); Mitglied des Parlaments (1810–1812, 1816–1830). **76**

Buchanan, David (1779–1848) englischer Drucker, Publizist und Ökonom; Schüler, Herausgeber und Kommentator von Adam Smith. **40**

Buchez, Philippe-Joseph-Benjamin (1796–1865) französischer Politiker, Historiker und Soziologe; Republikaner, Vertreter des christlichen Sozialismus. **55**

Bunbury, Sir Thomas Charles, 6th Baronet (1740–1821) britischer Politiker, Sheriff von Suffolk (1788/1789). **32**

Burke, Edmund (1729–1797) englischer Publizist und Politiker; Mitglied des Parlaments (1765–1794), bis 1790 Whig, dann Tory, Gegner der Französischen Revolution; vertrat physiokratische Ansichten. **33 | 77**

Byles, Sir John Barnard (1801–1884) britischer Jurist, Richter am Court of Common Pleas [Hauptzivilgerichtshof] (1858–1873); Verfasser juristischer und ökonomischer Werke. **51**

Carey, Henry Charles (1793–1879) US-amerikanischer Ökonom und Verlagsbuchhändler; Kritiker Ricardos, Protektionist; Leitartikler der »New-York Tribune« (1849–1857); versuchte eine Theorie der Klassenharmonie nachzuweisen. **41 | 63**

Carolus I. siehe *Charles I*

Erklärung der Abkürzungen

Marx-Text

b. (book) = Buch
c., ch. (chapter, chapitre) = Kapitel
d (denarius) = Penny, Pence
ed., éd. (edition, édition) = Ausgabe
ib. (ibidem) = ebendort
i. e. (id est) = das ist, das heißt
l., lib. (liber) = Buch
l. c. (loco citato) = am angeführten Ort, ebenda
p. (page, pagina) = Seite, Buchseite
pass. (passim) = zerstreut, da und dort
Pfd. St. = Pfund Sterling = 20 Schillinge
Sect. (section) = Abteilung, Abschnitt
sh (shilling) = Schilling = 12 Pence
sq. (sequens) = folgende, die folgende Seite
t. (tom, tome) = Band, Teil
v., vol. (volume) = Band

Kommentar

IISG = Internationales Institut für Sozialgeschichte Amsterdam
RGASPI = Russländisches Staatliches Archiv für Sozial- und Politikgeschichte Moskau
$MEGA^2$ = Marx-Engels-Gesamtausgabe, erscheint seit 1975
MEW = Marx-Engels-Werke

Abbildungen

Seite 6: Seite 745 aus der 2. deutschen Auflage des ersten Bandes des »Kapitals«, Korrekturexemplar von Marx (RGASPI, Sign. f. 1, op. 1, d. 4140) – siehe $MEGA^2$ II/8, S. 670–673.

Seite 10: Seite 316 aus der französischen Ausgabe »Le Capital«, Korrekturexemplar von Marx, gewidmet seiner Frau Jenny (RGASPI, Sign. f. 1, op. 1, d. 6963) – siehe $MEGA^2$ II/7, S. 634–636.

Seite 11: Zusätze und Änderungen für den ersten Band des »Kapitals« von Friedrich Engels (IISG, Marx-Engels-Nachlaß, Sign. J 28 (A 62) – siehe $MEGA^2$ II/8, S. 3.

Seite 15: Seite 8 des Verzeichnisses der Veränderungen für den ersten Band des »Kapitals« (RGASPI, Sign. f. 1, op. 1, d. 5654) – siehe $MEGA^2$ II/8, S. 16–17.